文明論衡

余英時——著

余英時文集編輯序言

聯經出版公司編輯部

余英時先生是當代最重要的中國史學者，也是對於華人世界思想與文化影響深遠的知識人。

余先生一生著作無數，研究範圍縱橫三千年中國思想與文化史，對中國史學研究有極為開創性的貢獻，作品每每別開生面，引發廣泛的迴響與討論。除了學術論著外，他更撰寫大量文章，針對當代政治、社會與文化議題發表意見。

一九七六年九月，聯經出版了余先生的《歷史與思想》，這是余先生在台灣出版的第一本著作，也開啟了余先生與聯經此後深厚的關係。往後四十多年間，從《歷史與思想》到他的最後一本學術專書《論天人之際》，余先生在聯經一共出版了十二部作品。

余先生過世之後，聯經開始著手規劃「余英時文集」出版事宜，將余先生過去在台灣尚未集結出版的文章，編成十六種書目，再加上原本的十二部作品，總計共二十八種，總字數超過四百五十萬字。這個數字展現了余先生旺盛的創作力，從中也可看見余先生一生思想發展的軌跡，以及他開闊的視野、精深的學問，與多面向的關懷。

文集中的書目分為四大類。第一類是余先生的**學術論著**，除了過去在聯經出版的十二部作品外，此次新增兩冊《中國歷史研究的反思》古代史篇與近代史篇，收錄了余先生尚未集結出版之單篇論文，包括不同時期發表之中英文文章，以及應邀為辛亥革命、戊戌變法、五四運動等重要歷史議題撰寫的反思或訪談。《我的治學經驗》則是余先生畢生讀書、治學的經驗談。

其次，則是余先生的**社會關懷**，包括他多年來撰寫的時事評論（《時論集》），以及他擔任自由亞洲電台評論員期間，對於華人世界政治局勢所做的評析（《政論集》）。其中，他針對當代中國的政治及其領導人多有鍼砭，對於香港與台灣的情勢以及民主政治的未來，也提出其觀察與見解。

余先生除了是位知識淵博的學者，同時也是位溫暖而慷慨的友人和長者。文集中也反映余先生**生活交遊**的一面。如《書信選》與《詩存》呈現余先生與師長、友朋的魚雁往返、詩文唱和，從中既展現了他的人格本色，也可看出其思想脈絡。《序文集》是他應各方請託而完成的作品，《雜文集》則蒐羅不少余先生為同輩學人撰寫的追憶文章，也記錄他與文化和出版界的交往。

文集的另一重點，是收錄了余先生二十多歲，居住於**香港期間**的著作，包括六冊專書，以及發表於報章雜誌上的各類文章（《香港時代文集》）。這七冊文集的寫作年代集中於一九五〇年代前半，見證了一位自由主義者的青年時代，也是余先生一生澎湃思想的起點。

本次文集的編輯過程，獲得許多專家學者的協助，其中，中央研究院王汎森院士與中央警察大學李顯裕教授，分別提供手中蒐集的大量相關資料，為文集的成形奠定重要基礎。

最後，本次文集的出版，要特別感謝余夫人陳淑平女士的支持，她並慨然捐出余先生所有在聯經出版著作的版稅，委由聯經成立「余英時人文著作出版獎助基金」，用於獎助出版人文領域之學術論著，代表了余英時、陳淑平夫婦期勉下一代學人的美意，也期待能夠延續余先生對於人文學術研究的偉大貢獻。

編輯說明

一、本書原於一九五五年在香港由高原出版社出版，後於一九七九年由九思出版社刊行台灣版。

二、原書之按語依原本之形式編排於文中，並以楷體標出。本書新增之編按，另以註釋註出。

三、書中所引之西方專有名詞、人名，盡可能採取作者原本之譯名，不特意改為現今常見之譯名。

目次

序

本書所收的幾篇論文有一個共同之點，即都是討論文化問題的。前面幾篇是討論文化原理的部分，曾在「文明論」的總題目之下分別發表在《人生》雜誌上。關於文化哲學方面，我曾擬定了十幾個子目，準備陸續寫成一部分量較重的東西。可是由於我個人學力之所限，對於一些自己還沒有考慮成熟的問題便不敢遽下斷語，故有些觀念雖已在我的腦海裡盤桓甚久，我仍然沒有勇氣隨便寫出來。還有一些事實上的困難也值得談一談；首先是我自從入新亞研究所以後，主要的精神都集中在中國社會史的研究方面，一般寫作的工夫自然減少得多了，尤其是文化哲學所牽涉的範圍太廣，一個問題之提出至少要有相當時間的準備，這在我也是很難做到的，所以往往要隔一兩個月才能寫成一篇。其次是參考書的缺乏。以往討論文化哲學的人多偏重於「哲學」與「精神」方面，故不免有武斷不合歷史事實之處。在近代學者中祇有湯因比（Arnold Toynbee）、達尼列夫斯基（N. I. Danilevsky）、克羅伯（Alfred L. Kroeber）、素羅金（Sorokin）等少數人是例外。我想文化哲學如果真要成立一門踏實的學問則不能不建築在科學研究的基礎之上，而關於文化研究的最大科學成果則當推新興的「文化人類學」（Cultural Anthropology），他如社會心理學（Social Psychology）、社會學……等亦占重要的地位。而我個人對於這些學問卻都是門外漢。益以香港書籍之缺乏，更使我有「力不從心」之感，有時雖有一點見地也因為缺乏材料而無法動筆。在這種種困難之下，本書所收的一些論文實在是簡陋得不成樣子。我祇希望將來能有機會看到更多的書籍時再修正與補充已寫的論文，並繼續草成懸而未寫的子目。所以我最後決定將此書定名為《文明論衡》第一集，以示初引端緒之意，而且將來若再有這一類文字，亦可繼續出第二、第三……等集。這是希望讀者們諒解的。

附錄所收的幾篇論文可以說是前幾篇原理的實際運用，而且都是和近代中國文化及其與西方文化如何求配合諸問題有關，雖語多空泛而實經反覆思維所得，讀者閱此數篇將更能瞭解前幾篇的涵義所在。作者近年來思想態度上有所改變，全書力求兼容並包與融會貫通，而無取於「罷黜百家」之狹隘胸襟。我們今天所處的時代一方面是開創的，一方面又是集大成的，這兩種性質都祇有在一種極其廣闊的精神中才能表現出來——渺小的靈魂是承擔不起偉大的時代責任的。作者於此真是「雖不能至，心嚮往之」。因此，縱使本書毫無知識上的價值，這一點繼往開來的心願也還希望能獲得讀者們的同情與支持！

余英時　一九五五年五月十五日　於香港新亞研究所

文明與野蠻

文明一詞對於我們是非常熟悉而親切的。我們天天嘴裡會提到它，耳朵會聽到它，眼睛會看到它，筆下會寫到它。我們不僅和它有著密切的關係，而且還衷心地喜愛它。我們常常慶幸自己生長在文明社會之中；同時也不時意識到自己是文明的人而引為驕傲。但是我們真的瞭解它嗎？如果有人問我們：文明究竟是什麼？它的意義又怎樣；我們能夠回答嗎？所以認真考慮起來，這個熟悉的名詞又是如此的不容易瞭解。蘇格拉底曾說，最簡單的概念往往是最難於界說的；「文明」便正是這樣一個最簡單的概念。施維澤（Albert Schweitzer）說得最明白：「什麼是文明？

這問題本身就應迫使所有自認為是文明的人加以注意，可是在世界一般的著述中，直到今天人們仍很難找到關於這個問題討論，至於答案當然更是找不到了。人們都假定自己早已獲致了文明，所以根本不覺得有對文明本身加以界說的必要。如果這個問題曾經被人們觸及過，那麼參照著以往的歷史與當前的現實，它照說已可以獲得充分的解決了。但是現在當事實已無情地逼使我們自覺到：我們是生存在危險的文明與野蠻相混雜的世界之中時，因之，不管我們願不願意，我們都必須試著去決定真正文明的本質。」（*The Philosophy of Civilization*, p.21）

一般人對於文明的瞭解常常流於現象與形式的；許多從人的本能中發展出來的事物卻被人們尊奉為文明的成就。當人們看到都市中那些高聳雲霄的建築物時，人們覺得這真是近代文明的輝煌果實；當人們進入近代這種組織嚴密的社會中時，也不免要震驚於人類文明程度之高；此外許多人類物質的與社會的建設也都成了我們歌頌文明的對象。我不敢說這些事物不是文明，更不敢否定它們和文明之間的關係；然而我卻敢說，文明的意義絕不止此，而有其更超越豐富的內涵。這些事物產生的根源，分析到最後乃是人的本能；而此種本能卻又不是人類所獨有，動物學家告訴我們，許多下等動物也同樣具有這種能力，在人類社會以外，我們不難發現：

蜜蜂是「理想的社會主義者和殖民者」；螞蟻和蜜蜂則有著工作諧和的複雜社會生活；海獺能夠築堤，鳥兒也可以築巢並且遷徙有定時；蜘蛛則比人類更早就懂得織網。昆蟲世界裡有礦工、有木匠、有泥水匠；而且還遠存在於人類具有手工業以前。猩猩亦在人類婚姻制度建立之前便有了可愛的家庭生活。野獸之間也還有某種程度上的私有財產。尤有甚者，即使藝術活動，在禽獸生活中亦同樣有其存在。因之，從人的本能上所發展出來的一切去認識文明的意義顯然是錯誤的、不根本的。

中國傳統學者最愛講「人之異於禽獸」之所在，用現代的話說，這個所在便是文明。「文明」是西文 civilization 的譯名；《易經》上雖早有「見龍在田，天下文明」的話，但其意義卻與 civilization 毫無相通之處。〈舜典〉上的「睿哲文明」也還祇是對個人而言的，不足以盡 civilization 的涵義。在西方，文明是和野蠻（barbarism 或 savagery）對稱的；這恰和中國的人獸之分之義相吻合。在一般人的想法，人獸之分總不出乎上面所說的一些社會與物質的建設。但是近代動物學研究的結果卻又告訴我們這些分別是經不起分析與考驗的。那麼人與禽獸——文明與野蠻的真正分野究在何處呢？歷來的說法甚多，希臘文明曾假定人是理性的動物，用理性的有無作為劃分人獸相異的標準。東方的佛教則說人人皆有佛性；中國儒家也講「人性」。無論說法怎樣不同，其根本意義則一：即承認人具有某種特殊的精神，超越於其他一切動物。著名的文明史教授桑戴克（Lynn Thorndike）在其 *A Short History of Civilization* 一書的導論中，於列舉了人獸之間的許多相同點之後，卻說道：「審美的感覺則是人類所單獨發展了的。人之所以超越其他動物乃在於他能從其觀察與經驗之中獲得教益，能對一切分散在他們之間的各種本能的活動加以效仿、適應和改進，並將這一切綜合成一個更豐富的生命和文明。」英國當代歷史家湯因比亦在其《歷史的研究》的巨著中，於種種不同的文明的比較研究之後，提出「自明」（self articulation）的概念，承認人有與文明俱來的靈性。像桑氏與湯氏之類的學者，從歷史與文明的研究中亦竟能達到與哲學家、宗教家相同的結論，這說明人類確然得天獨厚地被賦予一種精神特質；這種特質使得文明的產生成為可能。但是儘管這種特質已經為人們所承認，它的意義如何則尚沒有獲得更進一步的分析。那就是說，我們祇知道人類有創造文明的獨特秉賦；至於此一秉賦如何才能創造文明，則依然在我們知識的範疇之外。這裡我們得重新對文明的意義及其精神加以檢討。

前面我們說到文明是與野蠻相對待的；文明與野蠻的強烈對照顯然使我們對文

明的概念之認識愈益清楚，我們很容易想像到這兩種狀態的截然不同，但是這種體驗卻極難用語言文字表達出來。要徹底弄明白文明的涵義，我們還得從它的正面意思上考察一番。

英國約翰・穆勒（J. S. Mill）曾寫過〈文明〉（"Civilization"）一文。他在該文中開宗明義便說：「『文明』一字正如其他許多人性哲學的名詞一樣，是有著雙重意義的。它有時意味著一般的人類改進；有時意味著某幾種特殊的改進。」桑戴克則認為文明是人類政治與社會制度、藝術與工業、科學與思想種種建設性的成就之全。桑氏的意見可以說是代表了大多數學者的文明觀；如美國蒙佛德（Lewis Mumford）教授亦強調文明的整體性，認為文明是許多部分及其他功能的總匯，因之政治、社會、經濟、藝術、科學等等祇應該平衡演進，而不宜有某一部分發展得太突出以致危害到整個文明。這種看法對於近代西方文明的流弊真是一語道破。當代社會學大師素羅金根據他的社會學與歷史學的特殊研究，認為一般學者對文明一詞的用法未免過於不謹嚴；在素氏看來，任何一種文明，如埃及文明、希臘文明或西歐文明……都表現出一種文化系統（cultural system）的連續。因此他專門注重文化的內在一致性。這種把文明與文化清楚地分別開來的做法，梅岳（Elton

Mayo）教授也是其中之一，依梅氏的見解，文明是具有普遍性、世界性的，文化則是個別性的、民族的。梅氏與素氏相同之點乃在於他們都視文明為若干文化的綜合。西方學者對文明的研究最近數十年來頗不乏人，見解亦極分歧；以上所提到的幾家說法祇是比較流行的一般觀點而已。

中國傳統學術史上雖無文明之名，亦沒有專門研究文明的學者；但若干與文明的意義相近似的概念在古代文獻中則依然尋得到痕跡。《論語》載孔子的話：「周監於二代，郁郁乎文哉！吾從周。」其中「文」字便接近文明的本義。我們知道春秋戰國時代是中國歷史上的一個變局；在當時，新的文化沒有建立起來，而殷周以來的文化正統卻正在搖搖欲墜之際。所以孔子對其時的「禮壞樂崩」的文化衰象頗為惋惜；《論語．子罕》章有一段很有意義的記載：「子畏於匡，曰：『文王既沒，文不在茲乎？天之將喪斯文也，後死者不得與於斯文也，天之未喪斯文也，匡人其如予何！』」這裡雖包括了孔子個人的感慨和自負，然而「文不在茲乎」的「文」字卻正是指著一種文明精神而言的，故朱子註曰：「道之顯者謂之文，蓋禮樂制度之謂。」這和前面桑戴克、蒙佛德二氏的文明定義竟不謀而合。《論語》還有一處當作動詞用的「文」字，〈憲問〉章：「子路問成人。子曰：『若臧武仲之知，公綽之不欲，卞莊之勇，冉求之藝，文之以禮樂，亦可為成人矣！』」此處的「文」字也就是英文裡的 to civilize；而「成人」一詞，據我的看法，則不妨解作文明人的古稱。當然「文」字在論語中的用法極多，其意義也因之而有種種不同，如「子貢問曰：『孔文子何以謂之文也？』子曰：『敏而好學，不恥下問是謂之文也。』」朱子引蘇氏註云：「……孔子不沒其善，言能如此亦足以為文矣；非經天緯地之文也。」祇有「經天緯地之文」才是最廣義的「文」，文明的「文」。

涵攝了文明的意義的名詞，在中國並不止一個「文」字；還有禮字、道字、理字也都多少含有文明的意思。根據現存的先秦文獻來說，禮在古代是中國文化中極主要的內容——雖然不能說是全部內容。據我的瞭解，「道」的涵義則比禮字更為豐富而抽象，它可以包括著過去創造的、現在存在的和未來可能產生的一切文明的成就。此所以孔子把「禮壞樂崩」看作「天下無道」的象徵。不僅如此，「道」在精神上比「禮」還超越一層；用現在的話說，如果禮是文明，那麼道便是文明的精神。因此「道」有王道與霸道之別。荀子在他的〈禮論〉篇裡，便把禮的內涵擴大為文明社會最高規範：「禮者，人道之極也。然而不法禮、不足禮，謂之無方之民；法禮、足禮，謂之有方之士。」這顯然是文明與野蠻的最清楚的分野。王陽明對此也有極精闢的見解，他說：「禮字即是理字，理之發見可見者謂之文，文之隱微不可見者謂之理，祇是一物。」（《傳習錄・上》）王氏這一番話不僅把禮、理和文的關係根本澄清了，而且還指出了人類文明之上還有一更高的、使文明產生成為可能的精神。陽明先生雖沒有明白地告訴我們此一精神是什麼？但稍稍知道中國傳統思想——特別是宋明理學——的基本概念的人，已經很可以從「理」字的啟示中，把握住此一精神的真義何在。而本文所要提出來研討的中心思想也已無形中在這裡顯露出來了。

前面我們已經提到人類具有一種獨特的精神秉賦——無論我們稱它為理性、靈性、人性或其他——這一點秉賦卻在人與禽獸、文明與野蠻之間劃下了一道極其明顯的鴻溝。而同時，它也使人之所以為人及其對文明的創造有了最終極的依據。那麼，現在我們要追問一句：這一精神究有什麼意義呢？據我個人思考的結果，我認為它至少具有兩種最基本最重要的意思：第一、它表現人類自身不斷從物性、獸性、野性之中求解脫、求超拔，而上昇至人文理想的境界之精神；第二、它表現人類對外在物的世界的征服和對物的限制的掃除之精神。這兩種精神實際上則是一體的兩面：文明的創造必有賴於此二者的均衡而協調的運用。因之，如果這兩種精神的發展有了不平衡的情勢發生，則從此種精神所產生的文明也必然會是畸形的、病態的，最後並使此一文明本身遭受重大的損害甚至沒落。這可以說是人類創造文明的最高的，同時也是最隱藏的精神。從這一層看去，我們將會認識一切文明的共同之處；他們的差異則祇在此兩種精神的倚輕倚重之間而已。施維澤認為：「文明的本質是兩重的；第一、它要使理性來控制自然的力量；第二、它要使理性來駕馭人的行為。」（同書二二頁）這在根本精神上正是和我所指出的兩重文明精神是相通的。又如艾爾烏（C. A. Ellwood）在其《社會心理學》（*An Introduction of Social Psychology*）一書的第十三章中，於反覆討論過促使人類文明進步的各種客觀因素之後，最後歸結到「人的因素」（human factors），他說：「我們已經知道人的高等智能是使人類文明成為可能的顯著因素；又知道人的智慧生活，由於知識的積累和他的進步的推理，成為重要的因素，使人能夠操縱自然界，管束他自己。」「操縱自然界，管束自己」兩點也恰恰是我們在上面所提出的文明的兩重精神。

我提出這兩個原則的意思並不是完全為了要配合民主和科學這類流行的時髦名詞。誠然，民主在某種意義上可以說是第一種精神的表現；科學更無疑是第二種精神的產物。但是它們卻絕不是這兩種文明的最高精神的全部成就。就第一方面說，宗教精神、道德精神藝術精神等都應該包括在人類自身從物性、獸性中求超拔與解脫的精神之中；就第二方面言，除自然界以外，社會本身的種種限制與束縛，如民族的、文化的、階級的等等也都是我們必須予以征服和掃除的重要對象。而這兩種精神之所以是一體的兩面，原因也非常簡單：第一種精神所表現出來的是文明的精神面，是內傾的；第二種精神所表現出來的是則物質面，是外傾的。但我們知道：任何文明都不可能祇是純精神的或純物質的；而必須同時包括此二者，因為文明本身也就是精神與物質結合以後而產生的東西。因之，所謂精神文明和物質文明之間也必然會有著相對性的互相適應的關係。我們不能想像茅茨土階時代的人類會產生原子能時代的複雜而深邃的思想；同樣地，我們也無法承認：近代物質文明的巨大進步對於人類精神文明程度的提高沒有發生絲毫影響。當然，現實的世界上的確存在著許多矛盾；近代西方文明的流弊更使人有理由懷疑物質文明的價值。但是歷史畢竟是實質的存在，文明也祇有透過時空的交叉點才發生意義；希望芸芸眾生都可以從茹毛飲血的物質生活中直接上騰到超凡入聖的精神文明境界，總不能說不是一種幻想。宗教精神固有其令人肅然起敬的感召力，但一般地說，卻無法解決整個文明中所存在的種種現實問題。《莊子》說得好：「其生也勤，其死也薄，其道大轂。使人憂，使人悲，其行難為也。恐其不可以為聖人之道。反天下之心，天下不堪；墨子雖能獨任，奈天下何？離於天下，其去王也遠矣！」（〈天下〉篇）這一番對墨學精神的批評已經很透闢而實際地點破了文明的真諦。

我說精神文明與物質文明應該獲得均衡而協調的配合，我的主要意思並不是否認實際存在了的文明多少具有畸形的現象。中國傳統文明比較偏向第一方面發展；西方近代文明則成就於第二方面較多。這種各有所偏的文明亦自有其歷史的、社會的以至地理的背景；關於這些本文無法涉及，這裡我所能做的祇是從人類文明的共同處，對近數十年來我們關於中西文明的爭論所引起的混雜，在根本上略加澄清。晚近中國討論中西文化的學者大抵可分兩派：守舊派說中西文化是性質不同，中國是精神文明，西方是物質文明；激進派則說中西文化是程度的不同，文化都依照一種固定的型態發展，中國比西方要落後一個階段。（此說的最極端代表便是唯物史觀。）這兩說各有其一部分的根據，但都沒有看到問題的全面。第一說固然貽人以抱殘守闕，自我陶醉之譏；第二說亦與歷史真相相距甚遠，尤因過於損傷民族自尊心而不能獲得普遍的接受。其實文明祇是人生的歷史累積，人生在本源處則都是大體相同的；而人生在求其自身從物質與獸性中超脫的精神及其征服物的世界與掃除物的限制的精神兩方面則尤其一致，人類在開始走向文明的時候必然是雙管齊下的；文明發展的偏向祇是在長期歷史演進中發生的事，絕非自古而然，一成不變的。中國傳統文明的精神面在戰國末期，秦漢大統一初期即已奠定；在那時，我們的物質文明確能和精神文明相配合。《大學》上所說的格物致知的那一套程序便很可以助證這種看法。我們之所以感到物質文明的貧乏則是近百餘年來受到西方文明衝激以後的事。（我們傳統的思想是「不患寡而患不均，不患貧而患不安」。）同樣地，西方近代文明在文藝復興時代也是具有內在的諧和的，直到十九世紀以後這兩方面的不平衡狀態才顯得特別嚴重。這是一種活的、相對性的文明觀；我相信這一觀點比較上可以使我們對文明看法的偏見減少到最低限度。

根據上述觀點，讓我們再略一反省文明本身所啟示的意義，則我們對歷史的進程以及人類的前途將會有著一種完全不同的瞭解和嚮往。近代講歷史都採取進化的觀點；不錯，歷史的確是進化的。但是不幸得很，近代歷史的進化論卻多少是建築在生物進化論的基礎之上。達爾文的《物種原始》（*The Origins of Species*）所研究的是禽獸以至植物的進化而非人的進化；人在這裡是和禽獸處在完全相同的地位的。文明與野蠻的界線，愈來愈模糊了。「物競天擇，適者生存」的那一套進化原則也祇是一般野蠻動物的生活素描，和文明毫不相干；不但不相干，而且還恰恰相反。赫胥黎（Thomas Henry Huxley）說：「物競者，物爭自存也；以一物以與物物爭，或存或亡，而其效則歸於擇。」（嚴譯《天演論》）這不完全是赤裸裸的暴力鬥爭嗎？從達爾文、斯賓塞（Herbert Spencer）至於赫胥黎，進化論的發展已登峰造極；而人的地位也因之卑至無可再卑，文明的價值則已全被否定。赫胥黎在《天演論》中有見及此，遂別發為人能勝天之說稍矯前枉。他一則說：「獨是人力既成之後，是天行者時時在在欲毀其成功。」再則曰：「假人力以成務者天；憑天資以建業者人。而務成業建之後，天人勢不相能，……小之則樹藝牧畜之微，大之則修齊治平之重，無所往而非天人互爭之境。」這裡所謂「天人互爭」其實也就是文明與野蠻的衝突。赫氏講進化而能不忘文明，在生物進化論諸大師中的確算是獨具隻眼，難能可貴。

我們的看法，人類的進化不能盡同於其他生物的進化；我們說歷史進化，意思是說文明程度提高了。而「文明程度提高」的涵義則是說人類愈益從物性、獸性中超脫了，也愈益能夠征服物的世界了。除非我們不把人與禽獸的差異分開，如果要以人為中心來看歷史，則祇有在文明程度的變遷中方能有真正的進化可言。以生物學為基礎的近代進化論其本身並沒錯誤，因為它所研究的是關於生物界在純粹物質方面的演化；人既然是生物的一種，他的物質部分自然也無所逃於此一演化原則。但近代一部分歷史家（特別是歷史唯物主義者）把這原則擴大而應用到它所不能也不應該用的整個人類歷史的範疇中來了，這卻是一個重大的錯誤。由於這一錯誤，數千年文明的歷史遂在多數人的心目中呈現著一個被歪曲了的面貌。

這種錯誤，確切地說，是由於人們漠視人與禽獸——文明與野蠻的分野，也就是忘記了赫胥黎所說的「天人相爭」的那一方面。我們一方面固然把文明與野蠻的分際忽略了，另一方面卻又形成了一種狂妄的歷史進化論；以為歷史是走著直線的進步之路；我們已深入文明之境，野蠻的歷史階段早已遠遠地被拋在後面了。這也是機械論的另一形態。我們不能否認，從大的趨勢上看文明的確是發展的、前進的；但這種進程卻採取了一種相當曲折的方式。我們很容易看見，歷史是常常有頓挫的；大進步中有小反動，全面發展中有部分的退化。西方文明在希臘時代已經到達相當高的境界了，中古的黑暗時代卻反而使西方文明在數世紀中停滯不前。文藝復興以後西方文明一度大為抬頭，而它的十八世紀以來的歷史卻不能不使斯賓格勒（Spengler）發出「西方的沒落」之慨嘆。就中國說，至少元、清兩代的蠻族入侵曾使文明的進程受到嚴重的挫折。據文化學者如達尼列夫斯基、斯賓格勒、湯因比諸氏的研究，文明並不都是發展不休的；有的會毀滅、有的會停滯、有的更會被其他文明所征服。何以故呢？撇開特定的原因不談，最一般的原因還不是被野蠻戰勝了嗎？蠻族侵略在中西歷史上所造成的文化退化便很可以助證這個看法。赫胥黎所說的：「獨是人力既施之後，是天行者時時在在欲毀其成功，務使復還舊觀而後已。」確搔著了文明與野蠻的衝突的癢處。馬克思在《共產黨宣言》中劈頭便說：「一切至今存在過的社會歷史是階級鬥爭的歷史。」他的武斷與錯誤，近百年來歷史學與社會學的重大進步已經根本予以推翻。但我們現在卻可以很科學地套用他的話說：一切至今存在過的人類歷史是文明與野蠻鬥爭的歷史。這一原則不僅完全適用於人類的過去與現在，而且我們相信，它還得在相當長的時間之內支配著人類的未來。

穆勒氏在他的〈文明〉一文中便採用了這一觀點。他說他在這裡所用的文明一詞乃是與野蠻直接相反的意思。無論被我們稱為野蠻生活的特徵是些什麼，和這些特徵相反的，或者社會用以掃除這些特徵的種種性質，乃是文明的構成因素。接著他又把文明與野蠻的差異做了一段冗長的對比。雖然穆氏對文明與野蠻的分野不免有從現象上加以區別的毛病，但他所提出的基本原則卻依然是正確的。關於文明與野蠻的分野，中國傳統的哲人實遠比西方學者講得深入得多，也透徹得多。孔子早在《論語》中就說過「君子喻於義，小人喻於利」的話；這話雖似乎是對個人說的，但義與利的差異，卻正是文明與野蠻的分野的最初的主觀依據。此外他又說「夷狄之有君不如諸夏之亡也」，這已明顯地指出文明與野蠻的分別在精神上而不在形式，孟子更有「人之異於禽獸者幾希！」，「其違禽獸不遠矣！」之類的慨嘆；文明與野蠻的鬥爭從社會以至個人內心都是永不休止地存在著的！此一見解在孔孟的思想中尚祇微露消息而已；直到荀子的〈禮論〉篇出，才比較有著明確而具體的說明。〈禮論〉篇開宗明義論禮的起源說：「禮起於何也？曰：『人生而有欲，欲而不得則不能無求，求而無度量分界則不能不爭，爭則亂，亂則窮。先王惡其亂也，故制禮義以分之，以養人之欲，給人之求。使欲必不窮乎物，物必不屈於欲，兩者相持而長，是禮之所起也。』」在這裡，荀子不僅指出了禮（文明）的作用乃在使於人內在的獸性（欲）和外在自然限制（物）求得均衡與協調，而且還說明了禮的存在正是要和人的野蠻的一面相對抗。這相當於我們所說的產生文明的第一種精神——人類從物性、獸性之中求超脫的精神。不僅此也，荀子同時又與自然主義的道家以及「天道遠，人道邇」的儒家不同，他復瞭解產生文明的第二種精神，征服外在的物的世界的精神。所以他又說：「大天而思之，孰與物畜而制之？從天而頌之，孰與制天命而用之？望時而待之，孰與應時而使之？因物而多之，孰與騁能而化之？思物而物之，孰與理物而勿失之也？願於物之所以生，孰與有物之所以成？」（〈天論〉篇）這顯然是一種富於積極性的科學精神的制天論，和重道輕器的傳統觀念不十分相合的。荀子的確瞭解文明與野蠻鬥爭的兩面性——人性與獸性的內在鬥爭；人類與自然的外在鬥爭。

關於文明與野蠻的鬥爭，宋明理學家講得最為透徹。他們所發揮的天理與人欲相衝突的理論乃是特別注重人的內在鬥爭。「克己復禮」是個人內心中獸性野性之被克服而上達於文明之境；「內聖外王」則是整個社會臻於完美的文明狀態。但宋明理學在近代頗為人所詬病，其原因一部分由於其本身有不夠之處，一部分則多少是起於名詞的錯解。其實宋儒所說的「天理」祇是指以獸性相對的人性而言的，也就是文明人的精神；「人欲」則相當於我們所說的獸性或物性，是文明的反命題，也是野蠻的代名詞。佛教講人者有佛性，講一闡提皆得成佛。宋儒深受此影響，故亦強調人皆可以成聖賢。講佛是宗教，講聖賢則是道德；而宗教與道德二者卻是文明精神的高度表現，也是人與禽獸的分野之最顯著處。陽明所謂：「『何者為天理？』曰：『去得人欲，便識天理。』曰：『天理何以謂之中？』曰：『無所偏倚。』曰：『無所偏倚，是何氣象？』曰：『如明鏡然；全體瑩澈，略無纖塵染著。』」便顯然具有文明的涵義。宋儒的文明觀是循著個人內心的自明而逐漸達於社會的自明；依然是《大學》上所敘述的那一套程序。從這一角度上看，他們之特別注重人之內在的文明與野蠻——天理與人欲的衝突，也有其可以理解的根據。但宋明理學講了數百年之久，中國文明不但沒有因此獲得全面性的提高，甚至在現實社會方面反而愈益走上靜止無生氣的局面；這又是什麼道理呢？中國傳統的政治、經濟以至社會結構固然要負相當責任，而理學家的文明精神之過於偏狹亦未嘗沒有重要的影響。前面我們已一再申述文明的兩重精神之不可分性；此兩重精神在理論上雖同為理學家所承認，但在實踐上，征服物的世界與破除物的限制之精神卻是一張白紙。王陽明格竹子的故事便是很好的證明。文明兩重精神的有機配合的脫栓，不但不能使文明繼續前進，而且還會危害文明的成長。這可以回到蒙佛德氏所提出的原則：文明的各部分應該平衡發展，不可失之過偏。理學家的偏還不止此，他們在講求人的內在文明精神時，也過分注重個人的自明，而於如何致社會於通明瑩澈之境，則殊嫌知之未深。而他們所憧憬的王道——理想的文明社會——也衹是寄託在聖人做皇帝的幻想之上。希望從個人內心的純化和美化而致社會於文明，誠然是一種極崇高的宗教與道德的精神；但現實畢竟是殘酷的，這種精神雖有其一方面的功用，如果人們不具備內心的純化與美化的社會條件，則其成就絕不會像預期的那麼偉大。關於這一點我想歷史已經給了我們太多的證明，用不著再詞費了。

人的內心中常有文明與野蠻的交戰，東西哲人或宗教家幾乎是一致承認了的。基督教的上帝與魔鬼，佛家的「道高一尺，魔高一丈」，以至理學家的天理與人欲，差不多都是指著同一觀念而言的。其實人性與獸性在我們內心中的衝突衹是人從野蠻中求超脫的一方面——個人路線——的表現。在社會上我們同樣可以發現此種衝突表現於集體性人類鬥爭之中。中國春秋時代的夷夏對立，主要地便是文明集團與野蠻集團的敵峙，孔子說：「微管仲吾其披髮左衽矣！」也正因為這是人類文明的勝利。元清兩代的蠻族征服中國則顯然是野蠻集團的勝利，而中國文明的進程亦因此受到嚴重的阻礙。因之，文天祥、史可法等人之死也不祇是為狹義的民族主義的緣故；保衛中國文化至少會是他們心中的最主要的考慮之一。文天祥的絕命詞特別提出了仁義的理念，頗值得我們深思。在西方這種衝突則表現得尤為顯露；希臘時代的雅典與斯巴達之對立，近代民主與專制以及民主與極權的對峙都具有深厚的文化意義；換言之，也就是象徵著文明與野蠻的鬥爭，而不是如一般人所說的西方文明的內在矛盾。但近代研究文明史的學者卻同樣稱斯巴達、蘇俄是文明；如湯因比雖不喜歡蘇俄的極權主義卻把它歸於東正教文明之內；韋伯夫婦更歌誦蘇俄為一「新文明」。這又是什麼緣故呢？在我看來，這是起於人們對文明的純現象的瞭解。自表面上看，蘇俄具有嚴密的社會組織，大規模的工業建設，甚至文學、科學、藝術種種文化活動；總之，近代文明所應具有的一切形式上的特徵，它統統齊全了。我們有什麼理由可以否定它是「文明」呢？是的，在形式上我們確無法不承認蘇俄是一種文明。但我們卻畢竟要肯定它不是文明，不但不是文明，而且還是野蠻。我說這話，絕不是由於政治偏見的作祟，我壓根兒就未曾考慮到現實的好惡。我的基本根據是：控制著蘇俄「文明」的最基本的精神乃是一種野蠻的精神。關於這一點，我願引用俄哲貝迪也夫（N. Berdyaev）對俄國的觀察加以說明，他說：「俄國的文化傳統是很薄弱的。我們祇樹立了頗為醜陋的文明。野蠻人的暴力，在我們那裡一直是很厲害的。就是我們在宗教裡求轉化（transfiguration）的意志，也卻不免含有各種幻想的病菌成分。」因此貝氏頗希望俄國能走上宗教路線，以免變成一個無創造力的文明，或野蠻勢力。貝氏對他自己文化的觀察應該可以使我們相信蘇俄確是野蠻勢力吧！（參看素羅金：《危機時代的社會哲學》〔*Social Philosophies of an Age of Crisis*〕。）同時我們知道，蘇俄社會的理論基礎是唯物主義；唯物主義根本抹殺人的價值，它是一種最徹底地向物道與獸性投降的悲觀精神。一方面它要人完全服從物的規律與限制；另一方面它的教條性與獨斷性又限制著真正學術的進步，而使科學發展成為不可能。因之循此前進則人類將無從能征服物的世界。一句話，文明產生所必備的兩種精神都已被唯物主義所否定；蘇俄制度衹是野蠻精神支配了文明成就的結果而已。因為一切文明的實際成果——從武器到社會制度——都是工具性的，它們可以為文明精神所驅使，也可以被野蠻精神所控制，那就是說，這些事物的本身沒有是非善惡可言，而是由使用它們的精神來決定的。文明愈進步，野蠻的偽裝本領也愈大，它的真面目也因之愈不易為人所認識。我們衹有根據前面所一再說到的兩重精神來加以衡量，才能判別文明與野蠻的分野所在；這是最根本、最重要的一點。

論進步

正如文明一樣，進步也是一個被我們使用得最多，而又是我們瞭解得最模糊的概念之一。近數十年來，進步這個名詞已經深深地根植在我們的心頭，梁任公早在《新民叢報》時代即曾撰有〈論進步〉的專論。尤其是最近幾年，由於共產黨勢力的迅速擴張，我們復聽到了另一意義的「進步」口號；在這種口號的籠罩之下，人類已被簡單地分成兩種：進步的與反動的。這樣，我們便更有必要對這一概念所涵攝的意義重新加以檢討。

首先我要說的，就是進步乃是一個近代的概念。雖然遠在希臘時代，一種與進步相類似的進化（evolution）觀念已存在於哲學家如 Anaximander、Empedocles、Aristotle 諸人的思想體系之中，但就我們現在所熟悉的進步觀念來說，它完全是新興的，是近代歷史的產兒。早在一九二〇年，布里（J. B. Bury）氏即曾寫了一本《進步的觀念》（*The Idea of Progress*）。據布氏追溯進步觀念的起源，係在宗教革命時代，距今不過三百餘年；布氏同時又舉出許多事實告訴我們：文藝復興時代的歐洲許多學者已經開始討論「古代」與「近代」的優劣；而進步的意識也就在這種比較討論中顯露了出來。法國史學家施亨利（Henri See）在《歷史之科學與哲學》中曾有專章討論歷史中的進化觀念；他認為「歷史中的進化觀念起源似乎很近，但是從十八世紀起我們便可見到它的胚胎。」喀特林（George Catlin）在他的《政治哲學史》（*A History of Political Philosophers*）一書中也認為進步是文藝復興的特徵（見喀書第十七章）。美國的社會學者凱倫（Horace M. Kallen）在其一九五〇年所寫的《進步的類型》（*Patterns of Progress*）一書中也說：「在自由的社會中多少有些知識的公民們的眼中，自宗教革命以來的西方歷史乃是一份進步的紀錄。」一九五三年春間，我個人並曾本此觀念寫成了《近代文明的新趨勢》一書；我在導論中曾明白地指出：「我認為近代民主必須上溯到十四至十六世紀的文藝復興，文藝復興的人文精神是近代一切政治、文化以及經濟的進步方向的開端。」因之，進步概念的近代性應該是不容懷疑的事。

進步概念的興起與近代科學的發展顯然有著密切的關聯；這二者究竟孰先孰後我們雖無從推測，但科學的日新月異，對於進步觀念的加強則是顯而易見的事。因為科學不僅給我們開闢了新的知識領域，同時也大大地提高了人類控制自然的可能性。因此，在近代早期的思想家中，懂得科學的人便更容易接受進步的觀念：如培根（Lord Bacon）比較古今學術的結果，認為「近代是世界上比較前進的時代，並貯蓄了無限的實驗與觀察」；又如巴斯噶（Pascal）也認為人類的歷史有如個人一樣，可以視之為一個連續的學習過程。這些話無疑都是在暗示我們：人類文明是不斷向前的，是進步的。但進步觀念的發生雖早在文藝復興、宗教革命的時代，它之獲得人們的廣泛接受卻是十八世紀以後的事。十八世紀時的思想家們如雷諾爾（Abbé Raynal）、赫爾維齊（Helvétius）、霍爾巴哈（Holbach）、伏爾泰（Voltaire）、屠戈（Turgot）、康多塞（Condorcet）、高德文（Godwin）等都曾對進步的觀念有所發揮。赫爾維齊與霍爾巴哈乃是法國唯物論的大師，他們的進步觀也因之而帶有幾分機械的性質。伏爾泰在他的歷史著作中，強調藝術與科學的進化觀念是社會發展的關鍵，顯然也是從進步的角度觀察歷史的結果。到了屠戈與康多塞，進步的觀念才正式被應用到歷史上來；他們把人類過去的發展劃分成若干階段，因之每一階段也就是象徵著人類進步的一個里程碑。康多塞相信進步是沿著三個方向發展的：一、各國之間日趨平等，二、階級分歧逐漸消失，三、在這種基礎上而產生的人類精神與道德的普遍改進。同時康氏並認為進步的根源乃在於事物的永恆性質，而進步的節奏與形式則也就是自然的法則。這種自然法則預定了人類對於自然權利的爭取，並求從不平等的社會中獲得自由與解放。與康氏同時，英國的高德文氏也於一七九三年發表了他的《論政治的正義》（*Political Justice*）；而他所主張的進步哲學和康氏之說亦正復相似。

前面我們已經提到，進步的觀念和近代科學的發展有著極密切的關係。但是這一觀念的本身在開始時卻並不是科學的；反之，它倒是披著一層神秘的外衣出現的。這種神話式的進步觀念大致又可分為兩種形態：一是千禧年式的進步（millenary progress），一是進步的必然性（inevitability of progress）。所謂千禧年式的進步也就是說：人類一旦掃除了舊社會的種種阻止進步的障礙，或創造了某種理想的新制度之後，便可一躍而進入一個理想的王國或烏托邦式的人間天堂。十八世紀時的革命信徒包括康多塞在內多少都是這一進步觀念的信仰者。他們當時的看法，祇要廢除了國王與教士，一個自由平等的社會自然便會來到人間的！十九世紀的一些工業革命的崇拜者也是如此，他們認為祇要十九世紀的科學應用於每一個人，那麼一切也就解決了。這類的幻想都是屬於千禧年式的進步的範疇之內的。另一種神話式的進步論——進步的必然性——也同樣淵源於此種幼稚的科學思想。人們自以為已盡知自然與人的一切奧秘，因而相信進步將是無法避免，一往直前的。尤其因為不少人自信已經掌握了科學，故人類進步的步伐更將迅速而無所阻攔。這兩種神話式的進步觀念其實乃是一體之兩面，而非截然不同之事。這可以說是一種輕易的樂觀主義（easy optimism）。過去人們總把黃金時代看作是遠古的事，再不然就寄其極樂世界的理想於虛無縹渺的天國；現在他們卻顛倒了過來，他們不再發思古之幽情，也不再乞靈於上帝。他們隱約地知道：理想世界不在過去而在未來，不在天上而在人間。他們已經認識到社會是進步的，歷史是向前發展的；可是進步的節奏究竟如何，他們卻不甚了了。他們祇是根據當時粗淺的機械科學觀以肯定人類進步須受一必然法則的支配而已！

進步觀念的科學化顯然得歸功於十九世紀的進化論。達爾文於證明了物競天擇的觀念以後，認為人類可以有信心去把握未來；由於自然選擇實際上對於每一個人都是有利的，因之一切精神與物質的環境也將進步至完美的境地。這一思想經過後人的發揮與擴大，遂形成一種哲學體系；這種哲學體系把一切進化都解釋為進步；同時，也假定了人類未來的幸福命運乃是一種預定的結局（forgone conclusion）。進步觀念受到進化論的衝擊以後，才真正是脫離了神話的階段，而變成一種科學了。朱里安．赫胥黎（Julian Huxley）在他一九四六年一篇講演——〈進步的新定義〉（"A Re-Definition of Progress"）中便說道：「當此之際，進化論的學者的潛心研究，無論其為星體的進化、生物的進化或社會的進化，都已顯出：進步不是神話而是科學，不是錯誤的主觀滿足（wish-fulfilment）而是事實。在另一方面，作為一種科學理論的進步復顯示出它與那種迅速的、必然性的或烏托邦的神話教條的進步觀極不相同。」朱里安．赫胥黎是 Thomas Henry Huxley 的嫡孫，又是當代生物學的大師，因之他這一番話自然有其分量。顯然得很，十九世紀中葉以後，歷史哲學便深深地受到了進化論的影響。如斯賓塞氏就企圖將生物進化論和人類心智的、道德的與社會的發展直接連接起來。但事實上斯氏的人類進化論，也和穆勒或孔德的歷史法則一樣，乃是進步信仰的一種限制，他所謂的進步並不曾獲得進化論中任何原則的支持。此後講歷史進步論的學者總是有意無意地引用生物進化的學說來支持他們的論據。關於生物進化論是否適於解釋人類文明的進步，我在〈文明與野蠻〉一文中已有所討論。現在我且先不去理會它，留待下文再說。這裡我所要指出的就是：這種科學的進化論盛行的結果，再加上西方傳統的必然律觀念的作祟，竟使進步的觀念發生了質的變化：它成了一種機械的定命論。這種機械定命論的最高表現無疑還是馬克思的唯物史觀。（馬克思主義中雖有許多前進化論的因素如辯證法，但基本上仍受進化論的影響極深，而馬氏亦對達爾文深致敬意。）目的地被注定了，甚至達到此一目的地的路線也不能由我們自己做主，巨大的命運之神已給我們安排好了一切，那麼所謂進步者，最多也不過是被自然規律牽著鼻子走的那一段過程而已！此外還能有什麼意義呢？

進步的觀念變化到了這一地步實已陷入極端悲觀主義的泥淖之中。它顯示出：文明已臨滅亡邊緣，而人類則已失去自決的能力；我們的命運已定，再也無法挽救。我們所能做的祇是如何去發掘並適應進步的規律。這與文藝復興、宗教革命時代人們那種充滿著自信的樂觀精神完全背道而馳了。這樣，近代不少學者遂根本懷疑到進步的真實性，他們覺得世界上並無進步這麼一回事，它祇是人類的一種幻覺。凱倫在他的《進步的類型》中曾經很清楚地指出了這一點：「事實上，生而為人就是痛苦的：對於我們生命的有效的意識乃是悲劇的意識；並且自民主革命以來自由人所賴以生存的每一種價值都已變成了海市蜃樓。而特別表現得虛幻的則是人們所最炫耀的進步。他們說這是近代人對自己撒下的謊言，是他生存在這孤獨和恐懼的黑暗中對自己靈魂的一種慰藉。一切實際到來的則是我們文化中的危機，這種文化的羞汙乃是那被稱為科學的蠢事，而它的目的現在則盡然是毀滅與死亡。」一點不錯，很多人都是透過這種帶著濃厚的悲觀色彩的眼鏡來看近代史的，於是人類不但不是進步的，而且還在加速度的倒退。亨利・亞當斯（Henry Adams）由於受了物理學的影響，而預言人類歷史當如江河日下。他的歷史悲觀主義是建築在物理學的基礎之上的；他認為歷史學的原則必須以物理學的定律為依歸。而其中最重要的則是熱力學的第二定律，那就是說人類是加速度地向下墮落的。一切能（energy）的形式，無論其為太陽中的能或人類文化中的能，都包括在向零度減退的全部過程之中。因此，所謂歷史記載著人類高級的行為與組織形式代替低級的行為與組織形式，以及所謂人的生活乃是一種向前向上的進步等等觀念也都是虛幻的。文明會像氣體一樣的消散無蹤。尤有甚者，他復引用位相法則（Rule of

Phase）說明人類的進程也將是從「有」（existence）到「無」（nothingness）的。貝克爾（Carl Becker）在《社會科學全書》（*Encyclopedia of Social Science*）一篇論進步的長文中，也同樣發出悲觀的呼聲。他雖承認近百餘年來人們在工藝方面的進步，然而他卻懷疑人們「過去兩千年中在智慧與生活的藝術上」有什麼實質的進步。人類在長期歷史發展過程中即使有若干進步，可是若配合到無限時間（infinite time）中去看，「進步與人類存在的本身都成為渺不足道與無意義的了」。法國的拉孔伯（Paul Lacombe）也批評進步的觀念說：「進程（processus）或進步（progressus）的想像已不適合，而代以一種永久游移兩點間的天平針，此時止於此點，彼時止於彼點。」

以上這幾位學者的說法乃是極端歷史悲觀主義的典型代表；此外也還有不少史家雖沒有悲觀到上述那種程度，卻也感到徬徨無主，對人類前途不敢妄置一詞。這裡我們姑引英國名史家費雪爾（H. A. L. Fisher）在他的名著《歐洲通史》（*A History of Europe*）的序言中所說的一段話來代表另一派的進步觀：「比我更聰明更有學問的人雖在歷史上看出一種計劃、一種韻律、一種預定的形式。我卻無取於這些融和之論。我所能看到的祇是一個事變跟著一個事變，像一個波浪跟著一個波浪一樣；祇是一件件巨大的事實，但這種事實並不能予以普遍化，因為它是獨特的；祇是一條歷史家的安全規則：那就是他應該承認偶然的與看不見因素在人類命運發展中的作用。這並不是一種譏諷與絕望的理論，進步的事實歷史已有清晰而普遍的記載；但進步並不是一種自然律。這一世代的收穫，下一世代可能便喪失。而人類的思想也會流入種種導人走向災禍與野蠻的河道中去。」儘管費氏不承認他的歷史哲學是悲觀絕望的，儘管他的話也具有幾分真實性，可是整個來看，他這一番議論顯然還是對於人類文明的力量失去了信心的表現。此外歷史哲學家如湯因比也反對簡化進步的觀念，否定進步是直線發展的。這些史家的客觀而謹慎的態度誠值得我們欽佩，可是不幸我們所處的時代卻是一個人類對於文明前途最缺乏信心的時代，在這樣的時代裡我們無法僅僅滿足於對理的冷靜觀察，更重要的我們還需要樂觀的、肯定的、充滿著希望的信念來鼓舞我們追求理想的熱情。這也可以說是浮士德式（Faustian）的精神（借用斯賓格勒的話）：我們一方面要不斷克服生命途程中的阻礙，另一方面更要不斷創造未來！

在這種要求之下，我們自然沒有放棄進步理想的理由。雖然近代的進步觀念確有其虛幻的一面，但進步的事實並不能因此而被我們一筆抹煞。我們還得更進一步追究：我們對進步這一觀念的理解究竟還有沒有錯誤呢？問題談到這一步我們便不能不反過來把上面所討論的種種進步觀重新檢討一番了。進化論以前的神話式的、機械性的進步理論其錯誤已很顯然，人人都看得清楚，我們不必再贅述。值得我們考慮的則是進化論興起之後的所謂科學進步觀。進化論誠然是一種科學；但是進化論並非一般性的科學，而是講生物進化的科學，就這一點說，它與物理學、化學完全站在同一平面之上的。如果我們覺得用物理學的定律來解釋人類歷史的發展是錯誤的話，那麼生物學的原則又憑什麼可以應用到文明進步上來呢？我們知道，每一種科學都有其獨特的範疇；而科學之所以為科學也正在於它的獨特律則在其獨特範疇中是有效的。因之，如果我們胡亂地將兩種各具獨立性的科學的定律互相應用，其結果勢必毫無科學意義可言了。現代進步觀念的錯誤便起於這樣的混亂：人們把一般生物進化的法則和人類文明進步的韻律攪在一起，結果才弄成一種人獸不分、文野莫辨的局面。所以進化論在生物學的範疇雖然是科學的，可是到了人文科學的範疇之中卻失去了一大部分科學性。馬克思一方面受到當時達爾文進化論的影響（那時進化論本身還在草創階段，未臻完備之境），另一方面又承襲了黑格爾三條辯證法的法則；因而推衍出他的歷史定命論。它表面上雖像是人類進步的科學理論，骨子裡卻從根本上推翻了進步的觀念。這是稍稍具備著思考能力而又於近代學術有所瞭解的人都可以推得出來的結論。

問題討論到這裡，我想誰都會陷入一種不可避免的憂慮與困惑的情緒之中。既然，從進化論中所推衍出來的進步觀念依然沒有科學意義可言，難道人類真的是如水上浮萍漂泊無定嗎？難道這幾千年來我們肉眼所看見的種種文化發展、社會進步的事實都祇是一些幻象嗎？或者難道冥冥中真的有一隻看不見的命運巨手在那裡擺布我們嗎？我們顯然無法滿意於其中任何一種解釋。這種困惑逼使我們不能不對人類進步的規律做更深一層的反省。事實上這種反省工作已經有了很好的成績表現：西方若干思想家已逐漸看到「人的科學」不必處處與一般動物的科學相同。如詹姆士（William James）很早便持有此種見解：他認為歷史與進步的運行根本與它們內部所存在的宇宙能（cosmic energy）的數量無關。人的頭腦中之能的數量也許和恐龍頭腦中之能相等，並且可以相互交換。但能在人的頭腦中卻創造出人類文明與歷史的寶貴事實，而在恐龍頭腦中這能卻不可能了。他並且堅決地否定熱力學第二定律可以解釋人類歷史的發展；對於人類，這一定律並不能說明什麼！爾衛克（C. J. Urwick）在他的《社會進步的哲學》（*Philosophy of Social Progress*）一書中也反對無條件地應用有機進步（organic evolution）的原則來解釋社會的進步。他說：「現在人們對於有機體進化有一種普通的解釋，覺得其間涵攝了一種一定的進程，各種各類的生物有機體及其器官都是在這種進程中進化出來的；不幸在此種意義上進化一詞竟常常應用到社會與社會制度上面了。……我們絕不能將這些定律應用到社會與社會制度方面。我們祇能用他們作一種比喻的話。」又說：「我們說及宇宙進化的定律，我們最好要知道：當我們討論社會現象變遷的時候，必須將能的定律置諸腦中，但卻不能完全用這種定律來解釋任何現象。」但是真正對這一問題做了最科學的答案的還是朱里安．赫胥黎。赫氏在〈進步的新定義〉及其新著《人類的演進》（*Euoluton in Action*，現有許冠三譯本）中均一再強調進化到了人的階段便截然進入一新天地；生物的進化與人類社會的進化完全是兩回事。人類最初雖從生物境界中進化而來，可是到了文化發生之後便不再循著生物進化的途徑而進步了。赫氏引用了優生學中所最常使用的自然選擇（natural selection）與人文選擇（artificial selection）兩個概念來支持他的論斷，這更增加了他的人類進步的新理論的科學性。因為人文選擇的概念發生得很早，十九世紀末法國的拉普治（Vacher de Lapouge）即著有《社會選擇論》（*Les Selection Sociales*）最先提出了這一概念。

拉氏也是一位進化論者，承認物種進化的主因是自然選擇；但到了人類，社會選擇卻逐漸代替了自然選擇。可是拉氏對於人類歷史則抱著一種悲觀的見解：他認為社會環境的影響也和自然環境一樣，可以使人類進步，也可以使人類退步，而在他看來，反面的影響是大於正面的。因此他不相信進步，並且稱進步為「烏托邦」。（參看 Sorokin: *Contemporary Sociological Theories*. Chap. V。）拉氏的悲觀事實上是缺乏堅強的根據的，小赫胥黎在這一方面的研究已經否定了他，我們不必多所憂慮。這樣，進化論的新發展，竟將被早期進化論所填平了的人獸之間的鴻溝重新劃分開來。正是由於這一辨別人獸之異的科學新標準的建立，才使得我們再度對於人類的前途有著樂觀的根據，而進步一詞也被賦予了更豐富、更值得我們景仰的新意義。

生物的進步須受到自然規律的支配，對於命運的前途並不能自做主張，人類如果僅僅是普通生物的一種，他當然也無所逃於自然規律的天羅地網，而一切他所能做的也祇限於如何去「適應」（adaptation）自然的規律而已！在這裡，人的主觀努力的價值被否定了！由於這一否定，人類進步的理想便陷入悲觀主義的定命論的泥淖之中。上文我們已經提到過。但是現在人與禽獸之異處又重新為進化論學者們發掘了出來：具有高度文明的人類已毋須處處受自然規律的支配，而另有其自身進步的軌跡。那麼文明發展的根本動力當然也就不是其他東西，而是人類自己了。在這一關聯上，我們要開始討論進步與人的關係。我們不承認進步是命定的，我們不承認進步是自然規律的體現；我們相信一切文化社會的進步都是人為的，此外任何其他促成進步的因素則都衹占據著次要的地位。

然而人究竟怎樣造成進步的呢？這又是一個聚訟紛紜，莫衷一是的問題。歷來說者大致可以分成兩派：個人主義者認為進步是一切個人努力的總和，離開了個人社會根本不可能有進步；集體主義者則異是，他們堅持進步並非造端於個人，最多不過是通過個人而已。但我們這個時代乃是集體主義得勢的時代，因之進步一詞也往往衹能用之於社會，而無法及於個人。凱倫在《進步的類型》中就說過：「信仰進步的人衹信仰社會進步，否則根本就不信。進步的古典表現乃在歷史的類型而不在傳記。這些類型是不同的，而且也無從一致；但其中卻有一點共同之處：無論就個人或群體說，總是向前進的。其中每一類型的設計都是要使個性與個人的重要性喪失。」凱氏這一番敘述集體主義的進步觀的話使我們瞭解近代文明中的另一糾結，群己關係的不協調——也同樣存在於進步理論之中。進步到底是不是純社會性的呢？如果不完全是的話，它與個人的關係又怎樣呢？社會、個人、進步三者之間有沒有任何統一性的存在呢？這些都是我們在尋求人類進步的本質時所亟需解答的問題。凱倫雖然很客觀地介紹了集體主義的進步觀點，但是他自己卻是偏袒個人主義，強調個人在推動文明進步中的作用的人。不但如此，他並且認為進步是由少數人發端的，然後這些少數人再去克服重重阻礙以爭取多數群眾的自願合作。這些促使人類進步的努力，在凱氏看來，絕非自然的必然規律，而是個人的成就。凱氏之說與湯因比的「創造少數」（creative minority）之論極其相似。凱氏在該書中復一再地討論到「個人解脫」（individual salvation）的問題，也就是社會進步與個人人格的完成之間的關係。關於這個問題，我們中國早在兩千年前便已有了正確的答案；儒家所講的「修、齊、治、平」、「內聖外王」的那一套程序便說明了進步應該從個人發端而後才逐漸擴張，終至遍及天下。這是從內到外、從己到群的進步理論。因此已往中國哲人所常用的「進步」、「長進」之類的名詞總是指著個人學問、道德的進步而言的。但是儒家的話乃是向社會上一切個人說的，並非對整個人群或某一特殊人群而發；久而久之人們遂不免過分注重個人的進步而忽略了社會進步的重要性。這種進步觀念的偏向發展也未始不是使得中國社會缺乏飛躍式的進步的一個重要因素，因之，中國歷史上的雄才大略的帝王與變法革新的政治家不但得不到當時人與後代史家的讚頌，反而要遭受嚴格的批評與責難。

其實此種注重個人的內在人格進步的觀念並不僅中國為然，西方也曾有過，耶穌早就告訴我們說：「如果一個人得到了全世界而失去了他的靈魂，這對他又有什麼好處呢？」近代史學家與思想家也有不少人持有同樣的意見，如前面提到的湯因比與凱倫便是明證。耶穌這種強調「個人解脫」而不建立地上王國的觀念一直貫穿在基督教的歷史之中。尼翰（Joseph Needham）在《歷史在我們這一邊》（*History is on Our Side*）的論文集中對此觀念的形成曾有很好的解釋。他指出在文明的初期，自然環境的優劣決定人們在宗教上所表現的積極或消極的態度。如熱帶的印度由於環境過分艱苦，其宗教便採取了一種悲觀消極的精神，認為祇有棄絕物質世界，個人才能獲得完全或持久的滿足。尼氏復提到我們中國。他說中國古代的自然環境適於文明發展，因之，中國的宗教哲學便採取了一種入世的態度。個人與社會之間，天與人之間都是合一的，而非相敵峙。尼氏的解釋不必盡然，可是確也含有很深的道理。閒話少說，言歸進步。個人人格的完成是否進步的始點呢？就以往歷史上看，至少也有一部分根據可以使我做肯定的答案。中國以往的歷史進程雖顯得很迂緩，但幾千年來仍有種種實質的進步。這些進步則多少都是循著修、齊、治、平的程序獲致的。近代西方的個人主義也是如此。個人主義強調個體發展、自我表現是社會進步的根本動力（早期自由經濟的理論也建基於個人主義的信念之上）。不過時至今日我們已不能不對這種理論加以修正與補充。個人主義如果講求太甚的話，很容易發生兩種弊端：一是過分向上追求精神的完成，結果成為脫離時空的出世者，個人儘管解脫了，卻無補於社會。一是過分向前追求物質的滿足，結果則侵害了他人的自我完成，於社會非徒無益反而有害。

另一方面，極端的集體主義者又矯枉過正，抹煞個體的價值，不給個人活動留絲毫餘地。他們所謂的進步，其實祇是一種涵義不清的概念——籠統的、突然而來的進步。

這種進步根本上還是承著前面說過的那種神話性進步——千禧年和必然性的——之一線餘緒發展出來的，不過精神上更為悲觀消極而已。凱倫曾說極權主義者總是以侵害一切異己為其統治人類的手段和目的，而他們所持的理由則僅僅因為別人是異己的。誠然，我們承認個人不能過度發展他自己，而應和社會進步的步伐取得協調。但是這並不能否定進步發端於個人的客觀事實。如果社會上一切個人都停止了他們的努力，以期待自然規律賜給我們進步的話，我相信文明一定會在很短時間內全部毀滅。羅素在其一九五一年所寫的〈自由是什麼?〉("What is Freedom")的小冊子上就曾指出了這一點,他說:「迫害持有獨特見解的人所造成的災害是什麼呢?它使人們對於任何一種進步,無論是道德的或學術的,在起始時便感到驚恐。因此,社會既無法容納非常的意見,它必然就停滯而不進步了。米勒利爾(Müller-Lyer)復根據他的社會學的研究,從正面告訴我們,個人、社會、進步三者之間的關係究竟怎樣:「進步的普遍的,最終的原因與文化的原動力,都與一切的社會現象一樣,顯然是人的自身;人有了社會本能,與其同胞相聯成為最高最複雜的組織,人有了聯貫的語言,可以承襲各時各地各種族無意中或深思積慮努力所得到的利益;人藉著言語漸漸增加知識,可以升進人類的地位到最高級,人的努力勞作一方面雖然努力,一面可以使他歡娛,使他熱心的承受進步。」(《社會進化史》,*The History of Social Development* 中譯本)米氏的話很清楚地顯示出:個人先於社會而存在,並且是社會的創造者;一切進步都是從個人開始而後才逐漸遍及社會的。我們何以通常會有社會籠罩個人,社會必然進步而個人則不一定進步的錯覺呢?這是由於我們從靜態觀察社會與個人的關係,當然祇看到社會潮流的不可抗拒,而無視於個人的創造力量了。事實上個人的創造常常不是及身而見的;反過來說，那些自以為已經促進了社會進步的人們，在後代史家眼中，倒極可能是社會進步的障礙。因此名史家亞當士（G. B. Adams）才認為轉移時代的人們並不一定能認識到自己的歷史地位。個人的進步與社會的進步之間總是存在著一段時間的距離；人類永遠是繼往（過去的進步）而開來（未來的進步）的！黎德（Winwood Reade）在他的《人之犧牲》（*The Martyrdom of Man*）裡說得最好：「人類在每一代中都是遭受痛楚的，但他們的子孫卻可以因他們的痛楚而獲惠。我們自己的繁榮係建基於祖先的痛苦之上。那麼，我們應當為未來的一代而承受苦難，這難道還不公道嗎？」綜合以上種種辯證，我們可以知道個人進步與社會進步之間的一種互相推動的永恆發展了：個人進步的聚累造成了下一代的社會進步，而下一時代的社會進步又復給再下一代的個人提供了更高的進步的客觀條件。如此下去永無止境。但是有一點必須指出：我說個人進步是社會進步的起點，意思並不是說必須每一個人都成為聖人——完成人格的人——而後社會始能有進步；更不是說祇有少數完成了人格發展的個人才是進步的創造者。事實上這祇是一個程度上的問題。我們承認這些自覺地發展自己、完成自己的人格，以求盡其對社會的責任的少數人確有著較高的價值，也更能提高進步的速度，然而我們同時也必須瞭解，那些不知不覺地，在主觀上僅僅為一己的生存而奮鬥的多數人也同樣是社會進步所必不可少的客觀力量。並且我們在這裡所用的「個人解脫」、「人格完成」等等名詞也不完全是取其固有的倫理意義，而已加入了新的社會觀點。這就是說，個人的行為祇要能提高文明程度，促進文明發展，都應該包括在內。文明是包羅萬象的，因之每一個真正的文明人的發展面自然也得是多元的；個人在任何一方面有了進步都是對於人格的充實，固不僅某一方面為然也！

關於個人進步與社會進步的關係我們已有了很長的討論。因為這也是進步觀念中一個存在得很久遠的重要癥結，這一癥結如果不獲解決，我們對進步的瞭解便祇能停留在浮面上，而無從深入本質。進步之具有社會與個人的兩面性乃是不容懷疑的事實；進步的發端雖在個人（一切個人），進步的光輝終必充塞乎社會而後始能有生命。喀特林在其《政治哲學史》的結論中曾說過一番很有意義的話，他認為在世界史上，與個人進步向上進步相區別的唯一可以確定的進步，乃在於群眾的物質進步——一般人和他的家庭的物質進步——在於這些物質利益在一般人的廣大範圍中的傳布。喀氏把個人進步與社會進步解釋為精神進步與物質進步，這就接觸到本文最後所要討論的問題的核心上來了。

近代若干學者之所以否定進步，以進步為虛幻，在我個人看來，多少是出於誤解。這種誤解還不祇是在進步的內在涵義上，如以上的分析所已顯示者；尤其重要的恐怕還是在進步的外在方向上，關於這點我們現在要加以檢討。今人攻擊西方近代進步的最有力的論點，是說西方近代進步雖表現一各方面展開而無限向前的進步，但同時也表現一統攝此多方面發展的向上進步的消失。換句話說，人類已被物質進步拖住了腳，而日益向慾望的深淵中墮落下去了。因此進步在他們的眼中便有如流水一樣，雖然愈流愈前，卻也愈流愈下。西方近代進步的性質究竟如何，我們且不必去理會，這裡我所要指出的就是此一「向下」的觀念，無形中使得進步本身變成了一個含有貶義的名詞。益以唯物主義的共產黨人對這一名詞的濫用，「進步」幾乎成了退化的同義語了。進步的最終極的意義是否僅止於生物學或唯物論的範疇之內呢？在這裡我們必須更進一步地予以交代。

我在〈文明與野蠻〉中早就說過：「我們說歷史進步？意思是說文明程度提高了。而『文明程度提高』的涵義則是說人類愈益從物性、獸性中超脫了，也愈益能夠征服物的世界了。除非我們不把人與禽獸的差異分開，如果要以人為中心來看歷史，則祇有在文明程度的變遷中方能有真正的進化可言。」我們把進步的意義嚴格地規定為「文明程度的提高」，這才搔到了問題的癢處。施維澤也說：「為了尋出一個一般的界說，我們可以說文明是個體與群體方面的進步——物質與精神的進步……。誠然這兩種進步也都可以稱作精神的，意思是說它們都仰賴於人類的精神活動，不過我們可以把對自然力量的控制統稱作物質進步，因為在這種進步中，人們把握住了物質的對象並驅之使為人用……。理性駕馭人的行為又是什麼意思呢？它意味著：個體與集體的意願都由該全體的以及所有組成全體的個體之物質與精神的利益來決定；那就是說他們的行動乃是道德的。道德的進步才真是文明的精神所在，並且也祇有一種涵義；物質進步則比較次要得多，而且它對於文明發展的影響是可好可壞的。」（同書頁二二—二三）這番話顯然已把進步與文明的關係分析得非常明白，把握住這中間的關聯，我們不僅對進步的瞭解不會陷入機械的、唯物的錯誤之中，就是文明的涵義也更深一層地顯示出來了。進步既是文明的進步，而文明又是人類所獨有的；因之，進步的中心自然也就在於人類，而非任何其他事物了。那麼人類又是怎樣進步的呢？我個人曾提出「人類自身不斷地從物性、獸性、野性之中求解脫、求超拔，而上昇至人文理想境界」和「人類對外在物的世界的征服和對物的限制的掃除」兩重精神為文明的產生與發展的根本依據。現在我更進而領悟到人類進步的步伐也正是和這兩重文明精神相配合。我們很可以用艾爾烏在《社會心理學》中所分析的進步意義來作解：「社會進步的概念（conception of social progerss）……不是可以用幾個固定的詞句，下得一個永久的定義的東西。社會進步是靠著變遷，但社會中一切的變遷又顯然不全是進步的；然則什麼我們才稱之為進步呢？霍布豪斯（Leonard Trelawny Hobhouse）謂，社會進步是社會生活在那些有價值的性質方面的長進，但是哪幾種的社會變遷是對於我們有價值的呢？第一件，能幫助人類操縱自然界的變遷，我們大概說它們是進步的。機械的發明、經濟的發達等都可視為進步的標記，因為通常以為它們是人的操縱自然界的方法，所以使人更能適應環境。同理，自然科學中的發現也應看作進步的標記，但政治情形和道德標準的變遷，有能使個體與群體間發生更和諧的關係者，我們也認為是進步。這些變遷幫助人操縱他自己和他的社會環境。同力合作的新手段，調和個體的利益與減少他們的衝突的新社會關係，人類天性或共同生活的方法的新知識一概都可視為進步的；因為這些表示人類日益增長的操縱力量，雖未及於自然界，但卻及於他自己和他的社會關係。這樣看來，社會進步首先便包含了人類操縱自然界和他自己的意義。」艾氏所謂對自然界與人文界的兩種操縱力量的增加都應看作是進步的，豈不很明顯地透露出文明、進步兩重精神與意義了嗎？更抽象一點說，進步實具有向上與向前兩個方面。這話並非出自我個人的閉門造車。西方論進步的史家便常常用 **onward**（向前）和 **upward**（向上）兩個副詞來形容進步的性質。如舍維爾（Ferdinand Schevill）在其《歐洲近代史》的結尾處論及未來的文化趨勢時，即謂「人類因生長在一個知識穩步前進的時代裡，已孕育出一種信念，那就是人類已置足於『進步』之路，而『向前並向上地』朝著一個永無止境的高峰邁進！」又如上文提過的亨利．亞當斯雖視進步為虛幻，但卻不否認它在觀念上具有「向上與向前」的兩重意義。向上與向前原是同一進步精神的兩面表現，根本無法分開。但由於近代人復誤將向上與向前的關係瞭解為構成九十度、甚至九十度以上的角的兩條方向不同的直線，進步的觀念遂隨著這一破裂而化為子虛烏有了。其實向前與向上的兩條線乃是合一的；正如上山一樣，一方面是向前的，一方面也是向上的。我們絕無法想像進步本身能夠分裂為二：一個因不食人間煙火而白日昇天；另一個卻被地心吸力拖住腳而江河日下。

當然我不是說，一切文明的發展都是一往直前的。從已往歷史上看，進步的事實倒常常是畸形的、有所偏重的。如中古的歐洲是偏重「向上」精神的，而近代西方則多少有些偏重「向前」的精神。我說「偏重」而不說「祇有」，意思是說這兩重精神還是同時存在的，不過比重有所不同罷了，把中古歐洲想像成一個一團黑暗、毫無實際成就的時代固屬錯誤，但若視西方近代歷史純粹為一不斷向物慾的深淵墮落的歷程也同樣是荒謬之見。但進步在事實上儘管常有所偏（主要因為受特定的歷史文化諸因素之影響），可是在觀念上我們依然得從向前與向上的兩重精神上理解它。我們不能因為進步實際表現的偏向而取消它另一發揮得較弱的精神，並因而否定它的全部價值，正如我們不能因為文明發展有了流弊便根本放棄文明一樣。而且我們倘使在觀念上貧乏化了進步的內容，祇從向前的一個角度上瞭解進步，結果我們對人類歷史的真象一定會認識不清；從這一方面看，某一時期的歷史是進步的；從另一方面看它又是退步的。這種矛盾所最可能招致的後果之一就是使人們對文明前途失去信心，使進步成為一個虛幻的觀念。一旦我們視進步為虛幻，而生前途茫茫之感時，我們同時也就喪失了奮鬥的意志和創造的力量，不復能推動文明的進步了！赫胥黎說：「未來進步的最重要的先決條件乃是承認進步的事實，並瞭解進步的本質，因為我們不能完成我們所不信仰之事。」此義最深，值得我們仔細體味一番！

論自覺

「自覺」這個名詞雖然在文化哲學中很是生疏，但在哲學與心理學的園地中卻已是一枝盛開的花朵。因之，為了使問題有著落起見，我們便不能不用移花接木的方法，從哲學上所謂的「自覺」開始我們的討論。

「自覺」在英文裡是self-consciousness，也有人譯作「自意識」的。一般地說「自覺」（con-sciousness）包括著兩種：自覺與他覺；哲學家叔本華（Arthur Schopenhauer）在《意志自由論》裡曾把「自覺」解釋為：「自己固有的意識，與它相反的為他物的意識，後者即認識力。」叔氏的解釋與《涅槃經》所說的「覺」

字，其意義完全一樣：「佛者名覺，既自覺悟，復能他覺。」所謂「自覺」與「他覺」原是一種人為的劃分，而且也祇有在「覺」本身之實際表現中才看得出來。我們並不難想像在人的身體中存在著一種「覺」的元素；這「覺」一方面存於自我之內，另一方面又超越於自我之外。因為存在於自我之內，所以它能察覺萬事萬物，認識客觀世界；復因為超越於自我之外，所以又能認識自我。從其表現在認識客觀世界上說，這是「他覺」，從其表現在認識自我上說，這是「自覺」。「他覺」使人的精神不斷地向四周擴張、舒展；「自覺」則使人的精神無限地向上提高、昂揚。康德說人具有超越的統覺（apperception），也就是指著人的這一精神而言的。康德的看法，認識（recognition）便涵攝著自覺；無自覺則他覺亦不可能。自覺與他覺事實上是同時通過一種認識的行動而起的。菲希特（Johann Gottlieb Fichte）則繼康德統覺之說而倡論「自我」（ego）；所謂「自我」其實也就是「自覺的我」，因為它統一了存在與知識。但菲氏雖然是德國唯心論的大師，他的「自我」的觀念卻並不是說：客觀世界是從自覺中產生的；而是意味著：我們所恃以認識客觀世界的種種觀念（notions）都已涵攝在自覺的觀念之中而已！菲氏哲學的價值究竟如何，我們可以置而不論；他的理論我們是否能接受，也完全是另外一回事。但他所指出的自覺精神在今天卻仍具有討論的價值，這是不容否認的事實。在康德、菲希特之後，德國另一哲學大師黑格爾也對於人之所以為人的特殊精神有著很高深的理解。黑氏對於「覺」的研究與康、菲兩氏表面上頗有不同，他將人類的精神分成三個主要等級：一、認識客觀事物之「他覺」；二、認識人類自己（與自己相同的其他許多「自我」）的「自覺」；和三、統攝「他覺」與「自覺」的理性（reason）。「理性」乃是人的精神的最高境界。可是我們仔細考慮一下，這個統攝了自覺與他覺的「理性」和佛家的「覺」、康德的「超越統覺」，以及菲希特的「自我」等等不都是有著大體相同的內容嗎？因此英國哲學家開爾德（Edward Caird）在其所著《黑格爾》一書中才這樣說道：「康德證明自然和必然的系統不是離理性而獨立，而是為理性而存在。但是理性不僅是意識，而且是自我意識。……理性不僅是被決定，而察覺其自身屬於自然世界，而且是自決的，因而自覺其自己屬於自己的世界或自由的世界。」（賀麟譯本）由此可見理性與自覺（自我意識）實在是一脈相通的。

近數十年來西方哲學界又有兩派人對自覺的觀念做了更深的思考：一是克羅齊（Benedetto Croce）的新唯心論；另一則是新興的存在主義（existentialism）。克羅齊的大弟子甄提爾（Gentile）特別提出了一套自覺的哲學；他認為客觀世界並不在心外，主體與客體、知者與被知一齊通過自覺的行動而消解於心中。因之，自覺乃是唯一的實體，也是主體與客體的統一。

存在主義哲學家討論自覺者甚多，我們不妨稍加注意。海德格（Martin Heidgger）謂我們自覺自己之存在是與我們意識到世界之存在連在一起的。並且，這世界上並非祇有我一個主體，而是具有許許多多和我一樣的個人。因之，海德格認為：吾人之自覺同時也就是對於我之同類人之覺。我們不能把我們的同類人也完全當作為我所用的客體或對象，而僅視之為工具性的存在；相反地，我們應該推己及人，視人猶己。這樣，在他人的存在中體驗到自己之存在，我們便使自己超越於禽獸之上了。查斯蒲士（Karl Jaspers）亦持此義。他曾說：「作為一切存在，我（按：即指人）與一切其他事物之存在都極不相同，因為我會說『我是』（I am）。」這裡所謂『我是』無疑乃是「自覺」的具體的說法。查氏因為我們的意識永遠是有企圖的（intentional），它總是被引導著去實現某些有意義的事情。我們無法僅僅滿足於客觀的真實；因為科學根本不足以說明人生之全。任某種意義上，存在、自我與意志乃是一回事。因此他反對叔本華的盲目衝動說，因為盲目衝動並不是人的意志，而是禽獸的意志。那麼人的意志之中包括著什麼內容呢？查氏曾從反面指點給我們看：如果我們把意志從它所賴以顯現的自覺中抽出，意志便不復是意志了！一般地說，存在主義是從人文主義的觀點來講自覺的；他們都認為人一方面雖是自然的產物，一方面卻又能超越自然、超越自己。這超越精神便是自覺的具體表現。我們略一檢討存在主義的自覺論，對於自覺與文明的關係便更容易看得清楚了！過去哲學家對自覺的理解多少是偏重於「個人如何能認識客觀事物並統一經驗」這一角度上的，而存在主義者卻進而追究整個人類的自覺以及人與禽獸的根本分歧之點。從這種角度上看，我們自然已接觸到文明產生的根本精神上去了。關於這一點，我願意留到下文去討論，這裡且不多說。

前面說過，自覺不僅是西方哲學上的名詞，同時也是心理學上的基本概念。心理學上的自覺乃是與不自覺（unconsciousness）或潛意識（sub-consciousness）相對待的；心理學家把人的意識分成兩部分，猶海礁一樣，其露在海面上的是自覺，隱沒在海中的則是不自覺或潛意識。因之，所謂自覺也就是人對於自己的一切行為能自己覺知的意思。這類自覺，據心理學家的研究，也祇是人類所獨有；禽獸的行為則都是不自覺的。同時，心理學家又喜從關係中看自覺，如波林（E. G.

Boring）說：「自覺乃是作為關係而存在的，而且也祇有在關係的意義上才存在。」（見 *The Physical Dimensions of Consciousness*, p.222）他的真正意思就是說，人心的原始功能乃在於意識關係。自然，我們在心理學的自覺概念的啟示之下，也同樣發現了自覺與文明的內在關聯；因為在這裡自覺是人恃以與禽獸相區別的重要依據，也是人類社會（關係）形成的根本因素。

這種對於自覺的瞭解當然並不限於西方；東方的哲人們也同樣有著透闢的認識。古代印度的 Vira Saiva 學派早就注意到自覺的重要。他們因為人是一種覺的存在；而人類的覺，主要則都是自覺。Vira Saiva 派又復相信世界上存在著一個察覺全體的絕對而永恆的自覺的存在，那便是上帝（他們稱之為 Sthala）。這派哲學中有一句名言：「先瞭解你自己」；那就是說，人固然可以知萬事萬物，但更重要的還是自覺自己為一「知者」（knower）。人類對一切客觀的事物的知識都是為這一自知的線索貫穿起來；客觀知識的整個結構也都建立在這種自知的基層之上。

印度現代哲學家 J. Krishnamurti 也特別愛講自覺。他說，人的生命是從不自覺的低級形態而進至自覺的高級形態的。人的自覺可作無限的發展；在自覺的方法中，與非我相對的「我」消解了。所謂自覺的方法也就是一種使人愈來愈自覺的方法；直到最後，連自覺的本身都將化為烏有。Krishnamurti 的自覺哲學顯然有些過於玄秘；但是他所指出的不自覺與自覺兩種生命形態說，卻點破了人與禽獸、文明與野蠻的根本分野的所在。

從印度哲人對自覺的討論中，我們很自然聯想到佛家。「佛」字為梵語的音譯，其本義正是「覺者」或「智者」。據《大乘義章》所解釋，佛家之覺實有二義：一為覺察一切煩惱不為所害；一為覺悟，如大夢之初醒。所以慧能說：「佛向性中作，莫向身外求；自性迷即是眾生，自性覺即是佛。」又說「覺即是佛」、「佛者覺也」之類的話，這都足以說明佛與覺的關係是如何的密切。其實「覺」、「自覺」、「他覺」這一些名詞在中國的流行完全是從佛經中來的。中國古代也並不是沒有覺字，如《孟子．萬章》所載：「天之生斯民也使先知覺後知，使先覺覺後覺也。予，天民之先覺者也，予將以斯道覺斯民也，非予覺之而誰也！」一口氣便說出了七個覺字；但整個地說，先秦諸子的著作中覺字畢竟太少被使用了，而且也沒有發生深遠而普遍的影響。直到佛教盛行於中國之後，中國學者才逐漸地注意到這個觀念。故宋明理學家多有用覺字者，可是儘管佛家講覺字講得透闢，他們的根本理論則太消極、太虛幻了；即使人們真的照佛家的指點去求覺悟，覺悟了之後又怎樣呢？結果還不免是撲了一場空。這種沒有內容的純覺，對於人類文明的精神雖有其衝擊與警惕的作用，在被名利沖昏了的芸芸眾生的頭上潑一瓢涼水，然而它並不能因此而使人獲得真正的新生。人們清醒之後如果皈依了佛教，那麼他就等於和文明脫離了關係；如果清醒的頭腦竟不能信仰佛理，那麼他更感到徬徨而無所依歸，因之，無論人們選擇那個方向，佛家都不可能領導人類走向更高的文明境地中去。所以朱熹才批評佛家的「覺」說：「知覺之理是性，所以當如此者釋氏不知。他但知覺，沒有理。」朱子在覺之外復提出一個理字，這就使「覺」字染上了人世的氣味，而和文明的意義連在一起了。錢穆先生在《中國思想史》中認為宋儒的闢佛乃是要在吾心明覺之外提示一所覺之理來，真是一針見血之論。那麼，中國理學家對於覺字的理解究竟如何呢？這裡我們要重新檢討一番。

未討論理學家對覺的理解之前，我們還得略略追溯一下，中國傳統儒家的看法。《論語》、《孟子》中雖無自覺這一名詞，與自覺涵義相近的觀念卻依然不少，如「自反」、「自省」、「反求諸己」等等皆是。〈里仁〉篇有云：「子曰：見賢思齊焉；見不賢而內自省也！」〈公冶長〉篇也載著：「子曰：已矣乎，吾未見能見其過而內自訟者也！」這裡所謂「內自省」、「內自訟」也就是自覺的實際表現。孟子也說：「愛人不親反其仁，治人不治反其智，禮人不答反其敬，行有不得者皆反求諸己，其身正而天下歸之。」（〈離婁〉章）我們一言一行，祇要發生了敬問題，首先應該採取的步驟乃是自我反省，而不是責備他人，這就是曾子所說的：「吾日三省吾身：為人謀而不忠乎？與朋友交而不信乎？」傳統儒家在修身方面特別注重反省，顯然是由於他們在實質上已經深切瞭解了自覺的結果。因為反省與自覺根本無法分開：自覺是反省的動力，反省則是自覺的實踐。如果不通過反省，自覺便無從表現，如果失去了自覺的依據，反省當然更是不可能發生了。

宋明理學家之講自覺，雖然曾受了佛家一部分的影響，可是根本上還是沿著傳統儒家思想的線索發展下來的；如程伊川說：「見賢便思齊，有為者亦若是；見不賢而內自省，蓋莫不在己。」（《近思錄．卷五》）這是更深一層地發揮孔子的「自省」觀念。《近思錄．卷三》還有一番很有意義的對話：「問：『觀物察己，還因見物，反求諸身否？』伊川曰：『不必如此說。物我一理，纔明彼，即曉此，此合內外之道也！』」在這裡我們顯然可以看出，程伊川對於覺的兩面性——自覺與他覺——已經領悟得很深刻：所以他又說：「自一身之中以至萬物之理，理會得多，自然豁然有個覺處。」

宋明理學家講覺，具有一種共同的特徵，那便是他們把覺看作是人性中所固有的，這正如印度 Vira Saiva 派學者視人為自覺的存在一樣。張橫渠早就發為「心統性情」之論，極為朱子所稱道。朱子更進一步地強調：「合性與知覺有心之名，則恐不能無病，便似性外別有一個知覺了。」又說：「人性如一團火煨在灰裡，撥開便明。」這些話都在說明人性與覺的內在關係。但朱子畢竟是中國傳統的思想家，缺乏心理學的知識，因之有些地方他也不能完全弄明白。在這種情形下，他的話有時便不免顯得很含糊。有人問他「知覺是心靈固如此，抑氣之為耶？」他卻答道：「不專是氣，是先有知覺之理，理未知覺，氣聚成形，理與氣合便能知覺。譬如這燭火是因得這脂膏便有許多光焰。」這裡所用的幾個抽象名詞如氣、理等，其意義都很不容易確定；照語氣上看，他似乎是否定了「知覺是心靈固如此」這個命題的。可是接下去，兜了一個圈子之後，他的話又說回來了：「問心之發處是氣否？曰：也祇是知覺。問心是知覺、性是理，心是知覺如何得貫通為一？曰：不須去著貫通，本來貫通。如何本來貫通？曰：理無心則無著處。」最後他總結道：「所覺者心之理也；能覺者氣之靈也！」他之所以強調「所覺者心之理也」，就是要補充佛家有覺而無理的缺憾。這也正是宋儒的自覺高於佛家之覺的所在。

但是宋明理學家中，真正對於覺有著全面而深切的體會的，則無疑以王陽明氏為第一人，陽明的良知之說，從另一角度上看，簡直就是一套覺的哲學，不信你看他說：「心者身之主也；而心之虛靈明覺，即所謂本然之良知也。」又說：「良知者，心之本體……雖妄念之發而良知未嘗不在，但人不知存則有時而或放耳；雖昏塞之極而良知未嘗不明，但人不知察則有時而或蔽耳！」這些話告訴我們，凡人的心都具有良知，而良知則是晶瑩明澈，省察一切的。誰能指出，這樣的良知與西方哲人所說的覺或自覺有什麼不同的地方呢？陽明雖強調良知在人心中的地位與作用，但他也承認良知可能「有時而或蔽」、「有時而或放」。當良知「放」或「蔽」了的時候，我們怎麼辦呢？補救之道捨致知之外別無他法。因此他又說：「良知本來自明。氣質不美者渣滓多，障蔽厚，不易開明；質美者渣滓原少，無多障蔽，略加致知之功，此良知便自瑩澈。」

也許有人會說，我祇是在曲解古人的思想，把西方名稱和中國傳統觀念胡亂地混在一起，「自反」、「內省」、「察己」、「良知」等觀念根本和「自覺」或「覺」毫不相同。中西觀念有許多不相同之處乃是客觀的事實，即使同樣的名詞其涵義也難免有些出入。這一點，我個人早就注意到。那麼，我在本文中所涉及的幾個中國觀念是否可以和「自覺」一詞相通呢？這裡我想引徵王陽明一段較長的話來加以說明：「夫謂背覺合詐者是雖不逆人而或未能無自欺也；雖不億人而或未能果自信也；是或常有求先覺之心而未能常自覺也！常有求先覺之心即已流於逆億而足以自蔽其良知矣！此背覺合詐之所以未免也。君子學以為己，未嘗虞人之欺己也，恆不自欺其良知而已；未嘗虞人之不信己也，恆自信其良知而已；未嘗求先覺人之詐與不信也，務恆自覺其良知而已！是故不欺則良知無所偽而誠，誠則明矣！自信則良知無所惑而已，明則誠矣！明誠相生是故良知常覺常照。常覺常照則如明鏡之懸而物之來者，自不能遁其妍媸矣！何者？不欺而誠則無所容其欺，苟有欺焉而覺矣！自信而明則無所容其不信，苟不信焉而覺矣！」王氏的話雖是對個人發的，但是他所指出的從「自覺其良知」以達於「誠明」之境亦正可以移之以說明社會自覺與文明的關係。而且中國講文明原是由個人開始的——所謂修齊治平是也。基於這一瞭解，我們便不難體會到這裡所用的「覺」、「自覺」等詞和近代自覺觀念何以是一脈相通的了。由此可見，我們從中西兩個不同系統的思想史上來討論一個共同觀念，是可以成立的。

檢討了傳統儒家，尤其是宋明理學家的自覺觀念之後，我們顯然可以瞭然：自覺精神真是充塞乎人間的；在古時、在近代、在西方、在東方，祇要文明存在的所在，自覺也一定存在。我在本文的開始時已經說過，我之所以要從中西思想史上去發掘自覺精神乃是一種不得已的移花接木的做法，因為它在文化哲學中還未能建立起獨立自足的地位。因此，我們同時也必須明確地指出：以上中西各家各派的自覺觀念的綜合仍不足以盡本文所要申論的自覺之全幅涵義。西方哲學、心理學上所討論的自覺多偏重在知識方面，有時雖涉及人與禽獸之分野所在，但於自覺與文明的直接關聯則知之未深。佛家所謂之自覺，偏重於一己精神求解脫之宗教方面。嚴格地說，這種自覺乃是一種靜止的觀念，它不但不能推進文明的發生，而且恰恰顯示出人們對文明的厭棄。至於中國傳統儒家所講的自覺，則偏重於個人人格修養的道德方面，其間強調人禽之辨固為文明精神所不可或缺者，惟亦嫌缺乏社會性，不能成為新文明精神的真正基礎。不過平心而論，中國傳統思想中所涵攝的自覺精神卻比西方哲學中的自覺在範圍上為廣大，在內容上也較豐富。儒家講格物、致知，實即他覺與自覺的另一說法；又歷來學者者常喜用「省察」這一動詞，「省」即是「內省」，是自覺，「察」則是「察物」，是他覺。但這並不是說中國文明比西方文明要自覺些，而是由於中國思想是混沌一片，畛域不分的緣故；而西方哲學則僅是其學術思想中的一部分，二者的廣度固不同也！

我們已從中西思想史上把「自覺」之花移了過來。緊接著，同時也是最重要的，我們還得把這花和文明之木接起來——不是僅僅在形式上使二者連在一起，而是使二者互相交流、貫通，最後成為一個有生命的結合體。要做到這一步，我們的討論便不能不轉換一個方向。

既然在理論上我們還很少看到從文明觀點討論自覺觀念的前例，那麼我們便祇好從事實中發掘自覺與文明的真正關係了。而從事實中發掘自覺與文明的關係的最具體而有效的辦法，則是追溯歷史，從已往人類的活動中觀察二者有無相互影響的地方。從歷史上看，我們可以肯定地說，至少在人類有文字記載的歷史開始之時，自覺精神已存在於人們的心中，其中最顯著的表現便是人自覺他是人，是與一切其他動物不同的人。關於文明野蠻的歷史階段的嚴格劃分，其標準很不易確定；古代史學者對此頗有爭執，這裡無法詳論。然而從大處著眼，我們今天至少已具備了分辨人與獸、文與野的能力。我在〈文明與野蠻〉中所提出的兩項標準雖很粗疏，但用以為大體上的辨別根據則自信尚不致差得太遠。即使依照進化論的說法，人是從猿變出來的，那麼在猿變成了人之後，他一定會意識到他已與那些尚未變人的猿不同，而無法與之相處了。唯物史觀者則更進一步地強調從猿到人的根本變化是人會站起來走路，並會創造工具，我們也不妨承認這種說法。可是我們同樣可以肯定，這種會立而行又會造工具的人也必然會意識到他與其他動物之間已發生了差異，因而自行形成人的集團。荀子說：「生民有群。」生民之群正是所以與禽獸之群相區別的，人意識到他的獨特之處而另組成更高級的生活群，正是自覺的具體表現；《呂氏春秋．恃君覽》說：「凡人之性，爪牙不足以自守衛，肌膚不足以捍寒暑，筋骨不足以從利辟害，勇敢不足以卻猛禁悍，然且猶裁萬物，制禽獸，服狡蟲，寒暑燥濕弗能害，不唯先有其備，而以群聚耶！」這裡的「群」字，正是西方人所說的「社會」（society）。人類一旦進入了「社會」，文明的曙光也就普照大地了！我們如果進一步追究社會的產生，我們便無法不承認自覺乃是其中最重要、最根本的主觀因素。因為我們必須假定人類已經自覺其為人類，然後人的集團的形式才有可能。爾衛克告訴我們：「土地、氣候與食物的供給——工作或工業的結果——等等乃是操縱原始社會的東西，同時對於一般比較開化的文明社會的活動，也是不無影響，但是他們的力量因受社會內部力量的影響，漸漸發生變化，所謂內部的力量，就是我們在前面所說的生命力量與心理力量，其中最重要而且影響最大的就是社會和社會中分子，在他們目的方面的自覺。在原始時代，自然界強迫人類指導人類；社會生活的形式完全是由自然界支配。後來自然界的這種強迫力量漸漸減少，因為人類的權力和自覺的目的漸漸發達成熟；但是自然界的力量雖然不能完全表示出來，然而始終是存在的。後來這種力量更是容易改變，於是成了人類發展中的第二等力量。……後來心理的力量與精神的力量漸漸長大，並開始與生長的力量競爭，因此理性與靈魂的局部的自覺力量也就出現了。」（*Philosophy of Social Progress*）這一番話簡要地指出了人類自覺力量如何逐漸成立，而終於控制了物質力量的事實。由此可知，在人類社會發達史上，文明與自覺之間的密切關係原是不容否認的。

當然我不是說，剛剛從野蠻階段跨入文明時代的人類便已具有我們現代人同樣高度的自覺精神。我絕不是一個唯心論者，更不願把自覺誇張到無所不包的程度，或視自覺為歷史的唯一因素。事實上，自覺一方面雖是文明產生的根據之一，另一方面卻也隨著文明的進步而日益發展。社會學家庫勒（Charles Horton Cooley）在其《社會組織》（*Social Organization*）一書中曾對自覺與社會自覺做了一番較詳的討論，他認為自覺之成長是歷史上最偉大的事實。他說：「社會自覺與自覺是不可分的，因為除非我們與某種社群有關聯，否則便很難想到我們自己。這二者是結合在一起的，我們所真正自覺到的自我乃是一個很複雜的個體或社會整體……自我與社會是孿生的，我們知道了這個立刻也就知道了那個，分散而孤立的自我觀念實係一錯覺。」

庫氏以一更高的「覺」統攝自覺與社會自覺，正如前面所論的哲學上自覺觀念相吻合。尤值得注意的，庫氏復有專章討論「自覺的擴張」，認為自覺在部落社會時代很狹隘，但隨著文明進步而日益擴大，至近代民主社會則自覺的範圍已無所不至。所以他最後歸結到「從心理學觀點看，歷史的中心可以說是社會自覺與理性合作的逐漸擴張」這一結論。庫氏的話更使我們瞭解到自覺的社會起源與發展的真象。因此，從已往歷史的全程上觀察，人類自覺的程度是愈來愈高的。艾爾烏論社會變遷時也說得很明白，「一切社會變遷起初都是不自覺的；他們後來變為自覺的，最後，且造成自覺的能力去指導他們……有時新起的變遷微小。或發生很遲緩，社群中的分子或不大自覺，然若變遷是大的，遽急的或複雜的，社群中的分子定然可以自覺的，並且要設法控制他們。社會學家和心理學家所說的『社會自覺』（social consciousness）的各種狀態，就是這樣發展出來的。因為急遽的和複雜的變遷，從社會自覺的各種狀態上，表現社會的和人文的進化，後來發展的社會自覺所表現的程度比早先發展所表現的更高；故人類的歷史大都就是趨向高級的社會自覺的一種運動。」（見 *An Introduction to Social Psyohology*）我們根據這種活的發展的觀點去推測原始人類的自覺，當不難想像初民對於人獸之別是處在怎樣一種模糊籠統的低級階段之上。他們僅僅隱約地知道自己和其他動物是不同的，但究竟怎樣不同呢？他們並沒有清晰的概念，這種清晰的概念仍然要等到文明發展得相當成熟之後才能夠產生！

人類是什麼時候才形成了清晰的自覺觀念的呢？我們很容易在有文字記載的歷史上找得到具體的答案。在中西古代思想史上我們可以看到一個相同的階段，那就是「人」的觀念出現。換句話說，人類開始明確地自覺到他是「人」，而和其他動物迥然有別。這是人類自覺精神的最初的自覺表現。在西方，古希臘時代即有自覺運動的產生；在中國，春秋戰國時代也已有了相當成熟的人禽之辨。並且二者在時間上也很接近，尤值得我們玩味。

希臘哲學最初乃是從探討自然界本質開端的，可是稍後思維的對象轉變到人類自身來了。紀元前五世紀時普洛塔哥拉士（Protagoras）已有很深刻的人文思想；

他的最著名的學說是「人為一切事物的尺度」（Man is the measure of all things），這顯然已把人的地位提高到宇宙中心的程度。此後希臘的哲人也都意識到人的價值之崇高；如亞里士多德說「人是政治的動物」，斯多伊克派（Stoics）說「人是理性的動物」。在「動物」的上面冠以「政治的」或「理性的」之類形容詞正所表示人與其他動物是不同的；用中國的術語說，也就是人禽之辨。人類在觀念上把自己從許多其他動物中超拔出來，無疑便是自覺的具體表現。

中國的學術思想與西方不同，它在一開始時便帶著濃厚的人文色彩，特別注重人在天地中的尊貴。孔子的「仁」道事實上也就是「人」道；孟子則尤其瞭解人的價值，故一再強調「人之異於禽獸」之所在。《大學》曾引孔子的話說：「於止，知其所止，可以人而不如鳥乎？」這大概是孟子人禽之辨的最初根據。此外如《孝經》上也有「天地之性人為貴」的話（《孝經》雖是偽書，但其中確涵攝了儒家的根本思想）。總之，春秋戰國時代的哲人們已經普遍地意識到人與其他動物的差異，這顯然也是自覺精神高度發展的結果。

回溯了中西古代哲人的這些說法，我們無法不承認，人類的自覺早在兩三千年以前便已發展得很清晰、很成熟了。但是我們應該知道，這祇是最早關於自覺精神的文字記載，我們絕不能說，人類的自覺是從這時才開始的。相反地，我們根據這種成熟的自覺表現，很可以推想人類自覺的古遠起源。那麼是不是人類從其異於禽獸之所在自覺了出來以後，便不再有自覺了呢？絕對不是。從歷史上看，我們無法不承認人類的自覺精神愈往後便愈高深、愈豐富；而且，前面所引的社會學與社會心理學上的研究結果，已可證明此點。根據我在〈文明與野蠻〉一文中所提出的原則：文明與野蠻兩大力量是在不斷的鬥爭之中，因之，每當文明被野蠻挑戰之後，自覺精神也就因新的刺激而有更進一步的發展。然而這也不是說，人類自有文明以來便一直是在自覺的支配之下的。至少就人類以往的行程看，進步的步伐是一起一伏的、曲線的，而非循著一定的直線前進。文明一度躍進之後，如果缺乏經常而適當的刺激，則在長時期內很容易逐漸進入睡眠狀態。文明一旦到了睡眠階段，野蠻勢力便會乘虛而入，駸駸乎而有取而代之之勢。這也就是我們通常所謂的文明的危機。歷史上許多外族入侵或內部革命等等事件之發生，都應該從這一角度上去理解。不過應該指出：這裡所謂的「文明」與「野蠻」必須從活的觀點去看；換言之，表面上的被動與主動或挑戰與反應不能成為文明與野蠻的劃分標準。舉例說，西方日耳曼人之侵入羅馬，中國蒙、滿兩族之入主中原都是野蠻勢力對文明的征服；而西方文藝復興以來的全面民主革命以及中國近代一連串的革命運動，則是文明對野蠻的反擊；至於極權主義對民主主義的挑戰，卻又是野蠻勢力向文明的反攻了。赤裸裸的野蠻勢力我們可以看得清楚，偽裝的野蠻力量卻不易為我們所察覺。其實如果我們能把握住它的本質，則不僅極權主義是野蠻，一切阻礙著文明進步的腐化力量也顯然都是野蠻的變態。一個民族睡眠了，失去了活動的能力，才會招致外族的侵略；一個社會睡眠了，停滯無生氣，腐化的勢力才得以發芽滋長。總之，無論內在或外在的變亂，都同樣是起於自覺精神的沉淪；而一個民族或社會的復興也必待自覺精神的重建與發揚。歷史家常常用「自我覺醒」、「民族覺醒」、「人的覺醒」等名詞說明近代西方文明的特徵，以又用「東亞睡獅」之名形容中國，便是這個意思。

從以上的歷史的檢討中，我們已不難窺見自覺與文明的密切關聯。但為了使問題清楚起見，我們不妨更進一步對二者的關係加以考慮。自覺與文明之間到底存在著怎樣一種關係呢？是先有自覺而後才有文明呢？抑或文明發生之後自覺才出現呢？由於缺乏證據，我們實無從確定這二者的起源。不過據後人推測，文明之發生既不能缺乏人的因素；而人之創造文明又顯然須具備一種獨特的、為一切其他動物所沒有的精神特質。這特質，我在〈文明與野蠻〉中曾視之為「從內在獸性中求超脫與征服外在物質限制」兩種精神，同時我又說這兩種精神乃是一體之二面。我當時雖明確地指出了這兩面，卻沒有完全把握到這「一體」。直到我開始構思本文時，我才恍然大悟，這「一體」其實便是自覺。照這樣看來，自覺豈不是文明產生的唯一根據了嗎？不是的。我絕對沒有這個意思。我必須說明，我之認為文明產生須有自覺祇是從主觀方面著眼的。誰都知道，如果沒有物質世界存在，不但文明失去了發生的依據，一切生物也絕對不會出現。我的真正意思乃是說，在物質世界的一般基礎上還得加上自覺精神，才會產生文明。我自然不會荒謬到否認物質世界是人類文明的基礎的事實；但僅僅有基礎並不能必然保證文明的產生，也是可以斷言的。祇講物質基礎而無視於自覺精神，那就陷入唯物史觀的泥淖中去了。關於物質基礎與文明的關係，不在本文討論之列，我願留到以後去討論。這裡我所要指出的乃是：自覺一方面是物質文明的成因，另一方面又是物質文明的結果；這二者是相互推動、相互生發的。這話初看似乎矛盾，細想卻一點也不錯。因為精神文明與物質文明必然是一個有機的配合。祇注重自覺我們便會偏向精神文明，祇注重物質基礎便會偏向物質文明；而無論我們偏向那一方面，其結果必然同樣造成精神與物質的分裂，終至使文明的進程受到嚴重的挫折。

文明分裂最顯著的特徵便是發展的偏向，偏向的結果便是人類對文明失去了控制的力量。人類既不能控制文明，當然祇有被動地跟著文明的自然趨勢走了。這樣，我們找到了近代人類何以特別對文明前途懷持著悲觀思想的內在根源。這類悲觀，正如我在〈論進步〉中所指出的，有著兩種形態的表現：一是必然的進步觀，認為文明一定進步，用不著我們努力；另一則是根本否定文明的進步本質，認為人類命運有如水上浮萍，漂流到那裡就是那裡。總之，人類對自身無法自做主張，一切都是任運的。這種任運主義自然是我們喪失了自覺精神具體的表現。我們既不自覺，當然無從糾正文明的偏向發展，而文明也就一天一天地減少了內在的均衡；從文明均衡的角度上看，自覺的重要性便格外來得明顯，而它的意義也因之很容易為我們所瞭解。一個不自覺的，或自覺精神不夠的文明，猶如一個嬰兒一樣（當然這祇是從一方面意義來說的，讀者千萬不要誤會，以為我說文明與個人是完全相同的），雖然具備一切器官，卻不能對之有靈活而協調的運用；而具有高度自覺的文明則好像一個完全成長了的人，可以對自己的一切配搭和諧，而運用自如。這種自覺的、協調的文明，最近似乎已逐漸為學者們所注意。英國的霍傑士（H. A.

Hodges）在一九四五年一篇演講——〈哲學與文明〉中，便特別提到了這一點。霍氏一方面強調現代文明發展的偏向，一方面復乞靈於希臘文明，認為祇有希臘文明才是真正自覺的文明（參看：潘光旦《政學罪言》）。

霍氏的話不僅使我們認識到自覺的重要，同時還點破了自覺與文明的內在關聯，而使自覺一詞變成了文化哲學中的基本概念。霍氏說希臘文明是自覺的；那麼希臘文明的自覺究竟表現在什麼地方呢？在德爾菲（Delphi）城中的阿波羅（Apollo）的神龕上曾刻著兩句話：瞭解自己（Know thyself）和勿趨極端（Nothing too much）。第一句話是說人應該經常地反省，這是自覺；第二句話是要人謹守中庸之道，也就是協調。希臘文明一方面能不斷反省，一方面又能保持內在的平衡，所以才是自覺的文明。如果這種文明精神是健全的，則我們也可以說中國早就有過自覺的文明精神；先秦儒家的文獻幾乎處處都在闡發著自反與中庸的觀念。就是在實際歷史上，中國也未嘗沒有存在過一個比較自覺而均衡的文明階段，我在〈文明與野蠻〉中已經指出過。

根據以上種種討論，我們對自覺與文明的關係無疑已可以有很深切的認識。現在我們看到，不僅西方哲學、心理學上的自覺觀念是和文明精神相通的，而且中國傳統儒家的「自反」、「覺」、「內省」……等等概念也同樣適用於文化哲學之中。我們可以說，文化哲學中的自覺是一切哲學、心理學等等自覺的綜合。它包括著人類對自身的瞭解，也涵攝了人類對客觀世界的認識；它是內省，也是外察；它使人對過去有懷念，也使人對未來有嚮往。祇有具有這樣一種自覺精神的文明，對內才可以使自身日趨均衡與協調，對外才可抵抗一切野蠻勢力的侵犯。也祇有這樣，文明才算走上了正軌。

根據這種標準，目前人類的文明顯然還存在著嚴重的危機：現代文明之缺乏內在協調，以及自覺精神之為唯物思想、機械思想所蒙蔽，都是每一個有理性的人看得很清楚的事。人類怎樣從這嚴重危機中超拔出來呢？文明怎樣才能獲致均衡的發展呢？一個新的、更高形態的自覺精神的重建無疑是其間極基本、極必要的項目之一。我敢斷言，必待人類具備了這種新自覺精神之後，世界文明才會向前邁進一步。這種新自覺精神，在內涵上便是揚棄了「神道」（Divinity）與「物道」（Law for Thing），也揚棄了唯心論與唯物論的新人文思想。至於新人文思想到底是怎麼一回事，那又需要另一篇文章去討論了！

論傳統

「傳統」一詞，在文化哲學中占著非常重要的地位。然而，在近數十年來的中國，「傳統」卻被多數人看作一個貶詞。更不幸地，人們對於「傳統」所涵攝的確切意義並無適當的瞭解。而對於「傳統」的憎惡竟達於極點。在這種情形下，近代中國的一股反傳統運動的潮流，對於中國文化的發展，便祇能具有破壞性的、而不是建設性的影響了。從某種角度上看，我們甚至不能不承認：近人盲目地抹殺傳統在文明中的地位與意義，乃是造成中國悲劇命運的最重大因素之一。因之，如果我們希望解開中西文化的糾結，則對含混的「傳統」觀念，加以分析與澄清乃是首要的工作。

傳統（tradition）的意義非常廣泛，我們很難用一兩句話來說明它的全幅內涵。和它相近的還有許多名詞，如社會遺產（social heritage）、社會連續（social continuity）、習俗（custom）……等等。如果我們一定要很粗疏地界說它的話，我們不妨說傳統乃是文化的積累；因為文化為人類長期創造的結晶。在這種意義上，傳統便成了衡量文明的標準；傳統的內容愈豐富，文明的程度也愈高；反之，傳統的內容愈貧乏，文明的程度便愈低。但這祇是客觀事實上所謂的傳統，在觀念上我們還有另一種意義的「傳統」，那便是我們對於文化傳統本身的一種偏愛，這種現象大概都是在一個文化，由於外面文化的衝激或內在文化條件的改變，所引起的遽速的社會變遷時發生的。在常態的文化發展中，人們是不會感到傳統本身有什麼問題的。換言之，人們之所以意識到傳統與非傳統的鴻溝，乃是傳統文化與人們的生活節律之間失去了協調的結果。於是社會上的人群遂分裂為兩部分：一部分人要改變傳統，另一部分人則要保衛傳統。後者在意識形態上便形成了傳統主義（traditionalism）。傳統與傳統主義是兩個完全不同的東西，可是它們之間的差別卻被近代中國人忽略了。有些人因為反對傳統主義的緣故，竟至把一切舊的文化傳統都當作進步的大敵，這種誤解真可以說是「差以毫釐，謬以千里」了。

為了澄清觀念起見，我們先檢討一下「傳統」這個名詞的意義。雷丁（Max Radin）在〈傳統〉（"Tradition"）一文中說道：「傳統這一名詞如果從其遺傳（transmission）的文字意義來瞭解的話，那麼社會生活中的一切成分都將是傳統的（traditional）了，祇有那些每一時代所創造的，以及那些顯然剛從其他社會裡移植過來的較少的新鮮事物乃是例外。但是事實上唯有某些遺傳下來的習俗、制度、語言、服飾、法律、歌曲和故事等等才真正是傳統；同時傳統一詞的使用也尚涵攝著對於遺傳事物的一種價值判斷。」又說：「真正的傳統不是制度本身，而是對它的價值的信仰。……嚴格而適當地說，傳統不僅僅是一種觀察得到的事實，像一種現存的習慣一樣……它乃是表現一個價值判斷的觀念。某些行為方式是被認為正當的；某些秩序或安排是為人們所希冀的。保持傳統便是對此種判斷的維護。」（見 *Encyclopedia of Social Sciences*）雷氏把傳統的觀念加以限制，認為祇有人們仍承認它們的價值的歷史遺產，而不是一切過去傳留下來的事實，才真正能當傳統之名。這種看法頗為正確；我們持此標準即可以在歷史之流所遺留下來的一切沉澱物中找出真正的傳統來！日本哲學教授務台理作在其〈歷史哲學中的傳統問題〉一文中曾給予傳統以下列的界說：「傳統，是指一定的社會或民族，在一定的文化領域（如文學、宗教等）中，由過去所形成的東西，以比較長的歷史生命為人所繼承下來的事情而言。在這種傳承上，特別以人的生活意識之自覺，歷史的意識之自覺為必要。所謂傳統，不是單純的制度、式樣等等之傳達。在成為傳達主體的人們之間，傳統對於現在及將來之生活，到底有何積極的價值？首須自覺的有這種意識的活動。因此，傳統是把過去的拿到現在來再審慮；是把現在與過去的內面的結合弄個清楚：是意識到什麼東西，可以成為未來之規範。即是，產生過去事實的精神，在能成為未來之規範的意味上，使過去復活。」（徐復觀譯，《民主評論》四卷七期）合此數義觀之，真正的傳統最少須具有下列兩種意思：一、它應為歷史的主流；二、它應經得起現代價值標準的衡量，仍能滿足現代人甚至未來人的文化要求。作者現在不擬對這種傳統意義表示任何批評的意見。在未對此觀念的全幅涵義展開討論之前，我們有必要追溯一下它在中國的本義。

傳統兩字雖然表面上是英文 tradition 的譯名，事實上我們對它並不太生疏。「傳宗」、「傳道」、「傳衣鉢」、「傳薪」以及「皇統」、「道統」、「政統」等等詞彙都為我們指出了「傳統」二字一方面固都有世世相承、連續不斷之義，另一方面卻又暗含著一種「大道」、「正統」之類的意思。《論語》「傳不習乎」的「傳」字，後儒即已訓為：「師資之法無絕，先王之道不湮。」（劉寶楠《論語正義》）「薪傳」一詞則出自《莊子．養生主》：「指窮於為薪，火傳也，不知其盡也。」錢穆先生在《莊子纂箋》中也認為「火喻大道」，而否定佛典所謂「火之傳於薪，猶之神傳於形」之說。由此可見，中國古籍中的「傳」、「統」兩字，早已與西方文化哲學中的 tradition 有相通之處。因此，張東蓀甚至主張直接用「道統」來翻譯 tradition，他說：「tradition……向譯為『傳說』或『傳統』，我則以為不如就用中國固有的『道統』兩字來翻譯之。所謂道統是文化的延續，不過意義並不如此簡單。一個民族的文化傳遞下去往往愈顯其特性，所以道統不僅包含社會制度、道德標準，並且還有思維態度與民族性格在內。」（見《思想與社會》）Tradition 是否應改譯為道統是另一問題，但「傳」、「統」兩字所代表的內容與 tradition 大體相同卻是可以承認的。

我們這裡所討論的還祇是中西的傳統觀念，事實上則每一民族文化都必有其深厚的傳統。中國一向最重文化之傳統，固不必說；西方人對於文化傳統也極為尊重，現代的西方人不談歷史則已，每涉及歷史必上溯至希臘、羅馬、中世紀，一般歷史家甚至把西洋史的遠源追溯到古代的埃及文化，亦正足以說明他們是引傳統之深厚為驕傲的。以言宗教，西方的基督教已差不多有兩千年的傳統；以言民主，則西方更有所謂「自由傳統」（Liberal Tradition）可以上溯至希臘；他如文學藝術、科學、哲學等等，亦莫不有其希臘羅馬時代之遠源，但我們思考到事實上的傳統時，常不免帶有一種危險，即容易產生一種籠統而含混的觀念，以為傳統無所不包，過去人類的一切作為都可包括在傳統之內。這種觀念是絕對錯誤的，也是傳統與「歷史」的根本分歧所在。這樣，我們便可以回到前面所引的雷丁與務台理作兩氏的傳統界說上去了。他們在歷史遺產中建立了選擇傳統的標準，這使我們獲得了鑑別真正傳統的途徑。威勒（Malcolm M. Willey）在其〈社會連續性〉（"Social Continuity"）一文中便說過：「在文化的傳統之間……運行著一種選擇的因素，因為過去的技術性與習慣性的知識或生活態度，並不全部都要加以保留的。」（見 *Encyclopedia of Social Sciences*）務台理作也強調此種選擇作用，所以他又說道：「傳統則對其所傳承的東西，常加以選擇，並保有正當的意識。換言之，隨著傳統而批判傳統，將傳統加以再構成。」

但傳統本身雖然是由客觀的歷史所構成，選擇傳統卻不能不是主觀的事。我們究竟根據什麼標準來選擇傳統呢？這問題逼使我們不能不涉及傳統主義方面的討論了。由此可見，客觀的傳統與我們對它的主觀看法原是不可分開的。前面已說過，在正常文化發展中，人們衹是不自覺地循著傳統的規範生活下去，根本不會意識到傳統的存在。誠如洛頓（Peter-Richard Rohdon）所說：「一般衹想隨著祖先的道路而生生死死，並因而在激烈的社會轉變之前退縮的人們，在革命的衝擊下，他們天真的保守思想遂轉變為自覺的保守主義或傳統主義。傳統主義之興起是對於在理性基礎上重建現存的國家與社會之革命企圖的一種反應。」（*Traditionalism*, *Encyclopedia of Social Sciences*）一旦厭變的人起而維護傳統，社會改革者遂很容易被激而走上否定一切傳統的道路。傳統派與革命派相激相盪的結果，人們對傳統的看法便自然趨向分歧了。人類歷史上充滿著這類事實。法國革命期間，新舊勢力的衝突最為尖銳，故革命派否定一切傳統的規範，而保守派亦過度誇張傳統的價值。法國原是一個集體主義的專制社會，革命派卻把一切社會政治制度都搬到個人的理性前面來加以審判；保守派則依然強調國家社會重於個人，個人生於社會之中便衹有通過種種命定的限制而後始能成為社會分子。這種在態度上對舊社會體制的異趨，正說明了傳統在人們心頭的分裂。當時英國的名政論家柏克（Edmund Burke）

在其〈對法國革命的觀感〉（"Reflections on the Revolution in France"）的長文中，即站在傳統主義者的立場，對法國革命派痛加筆伐。他認為革命分子全盤否定歷史經驗及反對過去與傳統，乃是一種幼稚的錯誤，至於革命派所信仰的人類的進步，柏氏也視之為自我欺騙。根據抽象的公式而改造國家與社會不僅荒謬，而且無異是破壞一切法律與秩序的基礎。柏氏的話，自然也是一偏之論，對於傳統的估價過高。但我們卻不難由此瞭解，當時法國革命派顯然是過分地鄙棄傳統了。

法國革命完全由它的內在變化所引起的，另外還有一種文化變遷乃起於外鑠的原因，即受其他文化之衝擊而產生的劇變。近百年來的中國便是最典型的例子。西方文化侵入中國後，引起了我們文化的動盪，中國人對傳統的看法亦遂因之而發生了歧異。「五四」以後，傳統主義與反傳統主義之間的衝突益趨激烈，而反傳統派的氣焰大張，風靡全國。一部分西方文明的仰慕者，一方面祇看到自己傳統的片面缺點，另一方面對於如何使西方文化傳統與中國的傳統相結合一點又毫無真知灼見，反傳統而不自知其極限，終至為中國文化的全面摧毀者盡了開路之功。直到今天，反傳統主義與傳統主義兩派的對壘依然殘存在中國人的心頭。表面上看，極端的反傳統主義者似乎已獲得勝利，事實上中國的問題並沒有解決。中國傳統文化究當在未來新社會重建中如何安頓，它與西方文化怎樣才能做有生命的融和，這些問題顯然還需要我們去尋求新的答案。

在文化劇速變遷的途程中，如果新興的反傳統力量挑戰過重，傳統主義很容易轉入復古主義（archaism）的路上去。傳統主義祇是消極地逃避現實，祇是發思古之幽情，如德國一部分浪漫主義者施勒格（Friedrich Schiegel）、莫勒爾（Adam Muller）等人一樣，因熱愛過去而從現世中遁離。他們把中古時代加以理想化，藉以避開他們自己時代的要求。這種傳統主義對於現實社會尚無重大的影響，復古主義卻不同。復古主義者不是單純的戀舊，而是要他們自己所思構的古代社會重新實現於今日。這類的復古主義者在中國歷史上真是數不勝數；儘管有人解釋他們為「托古改制」，事實上真正希望歷史倒流的固大有人在，西方歷史當然也不乏此種現象，所謂「黃金時代」（Golden Age）便是把遠古時代幻想成理想的樂園。即使在近代，盧梭的「回到自然」（Back to Nature）與「高貴的野蠻」（Noble Savage）仍然是復古主義的新形態之表現。又有些史家特別歌頌古希臘，認為希臘時代是人類成就的最高峰，也同樣是復古主義的變相。

我們對文化傳統無疑是應該尊重的，因此我們在某種程度仍可以與傳統主義者攜手。但是對於復古主義，我們站在追求人類進步的立場上，卻不敢有絲毫苟同之處。誠然，從歷史上看，真正所謂復古是從來沒有的事；不過我們也無法否認：復古主義者的努力確曾多多少少阻礙過文明的進程。王荊公在〈太古〉一篇短論中曾經極其尖銳地批評過復古主義，他說：

> 太古之人不與禽獸朋也幾何。聖人惡之也，制作焉以別之，下而戾於後世，侈裳衣、壯宮室、隆耳目之觀，以嚻天下；君臣父子兄弟夫婦皆不得其所當然。仁義不足澤其性，禮樂不足錮其情，刑政不足網其惡，蕩然復與禽獸朋矣！聖人不作，昧者不識所以化之之術，顧引而歸之太古。太古之道果可行之萬世，聖人惡用制作於其間，為太古之不可行也。顧欲引而歸之，是去禽獸而之禽獸，奚補於化哉！吾以為識治亂者當言所以化之之術。曰歸於太古，非愚則誣。（《王臨川集．卷七》）

這裡有幾個重要觀念值得指出：一、此文開頭便點出人禽之辨，可見荊公是從文明進步的觀點上批判復古主義的；二、他說太古之人與禽獸相去無幾，又說人在社會制度建立之後仍可能「復與禽獸為朋」；這是一種活的文化觀點，與我在〈文明與野蠻〉中所說的文明與野蠻的鬥爭，不謀而合；三、此文中所一再提到的「化」字，正是文化之「化」。這篇短文一向不曾受人們注意，其實它在中國文化哲學中應該占著很重要的地位。荊公「祖宗不足法」一語，頗為後人所詬病，我想如果人們能通過此文的觀點去重新體味它的話，一定可以承認這句話含有很深刻的文化意義。

英人湯因比於研究了各種文明的興衰之後，也認為復古主義無論如何都是行不通的。我們現在姑把他的批評譯在下面：

「復古主義者是處在進退兩難的荊棘叢中，寸步難移。如果他試圖恢復過去而不考慮現在，那麼永遠一往直前的生命動力便會把他的脆弱建構擊成碎片。另一方面，如果他同意把他復活過去的幻想置於推動現在的工作之下，那麼他的復古主義便將證明是一種欺人之談。無論走那條路，復古主義者努力的結果都將發現他是笨拙地玩著未來主義者的把戲。復古主義的努力勢將在事實上導致早在待機而入的殘酷改革的到來。」（*A Study of History*. Somervell's Abridgement. p.515）

湯氏不僅有力地否定了復古主義的可能性，而且還嚴肅地指出了復古主義常會激起暴力變革，這一點尤其值得我們深切的反省。湯氏把復古主義與未來主義（Futurism）看作同一精神的兩面表現，也十分正確。因為這兩者同樣都是逃避現實，妄想飛躍到另一條時間之流中去的。

澄清了復古主義與傳統主義之間的差異之後，接著我們還得把中西歷史上所共有的另一特殊意義的傳統主義從真正的文化傳統中清除出去。這一特殊意義的傳統主義，在西方係起源於基督教。基督教歷史上所謂的 Tradition 乃指耶穌所親傳的傳道系統。根據《馬太福音》，耶穌曾親自指定彼得為他的繼承者，並建立教會。故彼得事實上是天主教的第一個主教，此後彼得的歷代繼承者（即教皇），也都被公認為教會的領導者，教皇因具有神聖的傳統，遂成為使世人獲救的唯一代理者。因此雷丁說：「宗教上所謂傳統，其意義稍有不同；它意味著：將那具有神聖根源的真理寶藏傳授予某一個或幾個特別有關的人。」此外如關於《聖經》的解釋，亦有傳統與非傳統之分；Traditionalism 一字即源於一派神學家堅持教義的解說須以舊的傳統（亦譯為傳說，其義頗似中國經傳的「傳」字）為依歸。

最令人感到奇怪的，這種意義的傳統在中國歷史上竟同樣有其存在，而且其普遍的程度還遠在西方之上。在這裡，我是指著禪宗的「傳衣鉢」的傳統而言的。據傳說，禪宗的領袖歷代相傳都須有衣鉢為證，其中最有名的便是五祖弘忍傳衣鉢予六祖慧能的故事，即是所謂「從上已來，相承准的，祇付一人。內傳法印，以印自心；外傳袈裟，標定宗旨。」（宗密《禪門師資承襲圖》）後來由於這個傳說流行的結果，「衣鉢真傳」遂成了中國人的口頭禪了。又如「傳宗」一詞也具有同樣的意思，韋處厚在《興福寺大義禪師銘》中說神會和尚「竟成壇經傳宗」，即以神會獨得壇經真傳。韓愈送王秀才序有云：「孔子沒，獨孟軻之傳得其宗」所用傳宗二字之義亦同。

由此看來，禪宗的「傳衣鉢」和西方天主教的 Tradition 真可以說是不謀而合。但中國還有一種文化上的特殊傳統，卻是西方沒有的，那便是韓愈以來所謂一脈相傳的道統。韓愈在〈原道〉一文中說道：「斯道也，何道也？曰：斯吾之所謂道也，非向所謂老與佛之道也。堯以是傳之舜，舜以是傳之禹，禹以是傳之湯，湯以是傳之文武周公，文武周公傳之孔子，孔子傳之孟軻，軻之死不得其傳焉！」這個道統一直為後世儒家所稱道，直到孫中山先生還自認繼承此一道統，他說：「中國有一個道統，自堯舜禹湯文武周公孔子相繼不絕，我的思想基礎就是這個道統，我的革命就是繼承這個正統思想，來發揚光大。」這種「傳統」觀念是不是受了禪宗傳衣鉢之說的影響而產生的（從時間上看，有此可能），我個人沒有詳細考證過，不敢斷言。但這二者在精神上完全相通，卻是可以肯定的。

這種特殊的傳統為什麼不能算是真正意義上的文化傳統呢？理由很簡單：第一、它含有非常濃厚的宗教性的神秘色彩；無論是天主教的 Tradition、禪宗的衣鉢，或唐以後儒家的傳道世系，其事都不可深考，不是人人都能承認或明白載之史籍的信史。這種「傳統」，若是某一教派或學派中人，為了爭取在該派中的正統地位而加以強調，固無不可；但文化上的傳統，由於所包括的範圍極廣，內容極其複雜，則斷斷不能納入這種簡化的傳道世系的公式之中。第二、文化為人類的共業，根本不可能是個人私相傳授之事，從私相傳授的觀點上來瞭解文化傳統，首先便狹隘化了文化的內容。即使是文化精神，也祇能從每一個時代的全體人民的共同生活中求之，才能找出其中究有多少傳統的成分在內，這種傳統又是在何種方式之下為這一時代的人們所接受。僅僅是堯舜禹湯文武周公孔子這些名字，並不能表現出中國文化傳統的實際而豐富的內容。因此，任何真正的文明史的研究者都無法滿足於這種狹隘而貧乏的解釋。尤有甚者，這種「傳統」不僅不能代表真正的文化內容，而且還常會成為某些人拒絕革新、阻礙進步的藉口。過去中國的軍閥們之提倡讀經尊孔正是這個道理。雷丁說：「當傳統常常被某些特殊人群為著自私的與黨派的目的而加以利用時，人們是絕不把他們看作此類傳統之衛護者的。」這真是一針見血之論。

傳統一詞，經過分析之後，竟具有這許多歧義，那麼真正的文化傳統究當如何來體認呢？我在本文一開始時說過：傳統乃是文化的積累。但這句話本身也很籠統，若不稍加解說，同樣是沒有意義的。我想我們如要認清傳統的真面目，首先必須把握住文化連續性的事實。名社會學家韋思勒（Clark Wissler）在其《人與文化》（*Man and Culture*）一書中曾一再強調文化連續性的觀念，他說：「這是很明顯的事實，文化乃是一個世界性的現象，同時從上面的討論中可知它還是積累性的，是一代一代相傳的。」又說：「我們常聽到所謂『文化的興衰』，好像文化是來自烏何有之鄉，亦將歸於寂滅。從某種觀點看，這話也是真的，但我們所看到無數事實卻告訴我們：文化是從積累中成長起來的，那就是說它很少會消失。實際上，興與衰祇能用之於表現文化的部落實體或政治集團而已。歷史家對我們說，羅馬興起了又衰亡了……對於羅馬本身說，它的衰亡的確不幸，但我們沒有理由相信文化中任何重要成分曾經喪失了。希臘、克里地、埃及也是如此，這都毫無可疑！

但我們同樣沒有理由相信：其文化中任何重要的事物是絕對地失去了。」所以韋氏有一句名言：「部落可來可往，文化永遠向前。」威勒也持著相同的見解：「把文明當作一整體而追溯其現存的複雜內容至比較簡單的起始，以表明人類成就的歷史整個看來乃是連續不斷的，這在理論上非常可能。」真正的傳統便正是這種永遠日積月累的文化成就。

其次，傳統雖是文化的積累，卻不是完全指著物質的發明而言；更重要的倒是文化精神。換言之，文化傳統並不是那一成不變的僵死的文物制度，而毋寧是構成這些文物制度的背後的種種精神。舉例說，我們通常所謂的西方文化傳統，便包括著希臘的個人主義的自由精神、羅馬的法律與正義的精神、基督教的平等精神、中世紀的契約觀念，以及近代的科學精神……等等。而且這裡所說的精神還必須活著看，不可看死了。同樣是自由精神，它在希臘時代的實際表現和現在便顯然兩樣，這也是「部落可來可往，文化永遠向前」一語的更進一步的引伸。真正有生命的傳統，絕不會黏著於某一固定的古舊形式，而必然會化為貫穿古今統一歷史的文化精神。務台理作說得好：「傳統一詞……第一是把既存的東西還原到其發生的根源，加以再審慮，而認取其影響於現在及將來之生活的積極的價值，因此而加以承受的活動與態度。此時所承受的東西，不是個個的事象，而是貫穿於事象的統一的生活樣式。因之，這種意味的傳統，是以高度的精神生活為前提，其生活樣式，常藏有彈力；絕不能視為固定而膠著不動的模型。」

最後，根據前面所說再深一層來觀察，傳統還含有承先啟後、繼往開來的意義，並不是文化發展的絆腳石。因為傳統是文化的積累，而文化則是日新月異的，造成文化的種種條件，無論是自然的或人文的，都是變數，因此文化本身當然也就不能不是變數了。文化既然是變動性的，那裡會有不變的傳統呢？艾爾烏教授在他的《社會心理學》裡便明白地指出了這一點：「傳統乃是人類社會連續中特有的因素。自某一方面看，人類社會進化中一切奇特的地方全賴傳統，正因為傳統的發展才能造成文化或文明。換言之，沒有前代積累下來的知識，高度文化發展的複雜習慣不但不能造成，而且也無法持續下去。」又說：「所以文化乃是文化與歷史的連續之基礎，沒有傳統便沒有社會進化可言；從文化的意義說，祇有傳統才使得我們成為一切過去人類文化的承繼者。」霍布豪斯說得更清楚：「社會發展中的文化有如種族的生理發育中的遺傳。它是過去與未來的圈環，是以往成就的統一者，也是未來人類改進的基礎。」

我個人覺得以上這幾點基本認識已經將前面所引證的一些東西學者的傳統界說，融匯了起來，並且還補充了他們所沒有注意到的意義。根據這些認識，我們不妨回過頭來檢討一下近數十年來的中國人對於傳統的看法究竟有些什麼錯誤；今後我們又應該如何建立起一種正確的觀點，俾使中國的舊傳統能在未來新文化的發展中發揮它應有的作用。

我已指出，近代中國的文化變遷是起於西方文化的入侵；而這種文化入侵卻又是以武力為後盾的。在這種情形之下，中國人自然無法平心靜氣地，循著一般文化接觸的方式，來接受西方文化，改造自己的傳統。最初我們是鄙視西方，把他們看作蠻夷；等到這種夜郎自大的態度給自己招來無窮的災害之後，於是又從仇外一變而為媚外。我們對西方文化挑戰的反應既是盲目的，對於自己文化傳統的瞭解當然也不會正確。因此保守的人把傳統當作萬靈藥，激進分子則恨不能一腳踢開傳統的包袱。保守派的錯誤是僵化了傳統的活生生的內容，是顛倒了文化的時間的秩序；激進派的毛病則是根本抹殺了傳統的功能，混亂了文化的空間的排列。雷丁氏有一句話恰恰切中我們近代文化病痛的根源，他說：「傳統所企圖號召的觀念，如果它所乞靈的根源完全是外國的，或它想加以應用的時代乃是扞格不入的，那麼些這種傳統無疑是要徹底失敗的。」全盤西化論不就是完全盲目地乞靈於西方文化傳統嗎？本位文化論不就是「生乎今之世，反乎古之道」嗎？

其實傳統在天地間有其一定的價值，不為堯增，不為桀滅；中外古今的激進派沒有一個不厭惡傳統的，可是傳統永遠也消滅不掉，保守派未有不希望舊的文化形態凝固不變者，然而時間之流畢竟一分鐘也不曾停止過。激進分子如馬克思、列寧總算是相當到家了，可是他們卻一再強調傳統力量的堅韌性。馬克思一則曰：「一切過去時代的傳統像夢魔一樣地壓在現代人的頭腦之上。」（〈拿破崙第三政變記〉）再則曰：「我們知道，對於各地制度、習俗及傳統等應加以特別的注意；並且我們也不否認。有些國家如美國及英國，他們的工人是可以希望循著和平的方法，達到革命目的的。」（〈一八七一年在安斯特丹的演講〉）馬克思因為瞭解傳統的力量甚至不惜修改他的革命理論，這還不值得我們的「革命家」反省嗎？列寧在他的〈論左傾的幼稚病〉中也承認「舊習慣的力量」即使在革命之後也依然很巨大，「必然還保存著復辟的希望，而這希望便會產生復辟的企圖」。他在別處又說：「在資本主義與社會主義之間將有一個頗長的過渡時期。……各部分生活的徹底改造需要較長時候，此外，習慣的力量是非常大的……。」因此我們可以武斷地說，任何真正有效的文化改造必不可離開舊文化傳統，必不可對傳統採取一腳踢開的態度，否則便一定會失敗。

然而另一方面，本位文化論者對於傳統所採取的向後看的態度，也是絕對要不得的。當我們考慮到傳統的保留時，我們必須把傳統配合到整個文化發展的歷程及其未來前途中去衡量它的存在價值，決定它的取捨尺度，而不是孤立起來憑著一己之好惡，沒有原則地維護一切舊事物。極端保守派的錯誤便在這裡：他們對於宋明以來中國傳統文化的弊病毫無自覺的瞭解，因此他們便不能承認近代中國反傳統運動的某一方面的價值——清除長期的文化偏向發展中所積下來的種種腐朽的渣滓。說到這裡我們便不能不略略反省一下近代中國文化傳統的缺點何在；祇有明白了這一點，我們才真能懂得保守派對傳統的態度何以是錯誤的。我在〈文明與野蠻〉中曾指出：「宋明理學講了數百年之久，中國文明不但沒有因此獲得全面性的提高，甚至現實社會方面反而愈益走上靜止無生氣的局面；這又是什麼道理呢？中國傳統的政治、經濟以至社會結構固然要負相當責任，而理學家的文明精神之過於偏狹亦未嘗沒有重要影響。……文明兩重精神有機配合的脫栓，不但不能使文明繼續前進，而且還會危害文明的成長。這可以回到蒙佛德氏所提出的原則：文明的各部分應該平衡發展，不可失之於偏。」宋明以來的中國文化的確是偏向發展的；清代樸學之興起原是對於宋明精神的反動，可惜清代的政治卻控制在野蠻的滿族之手，阻礙了這一當然而又必然的文化發展。所以清學後來終不得不走上「襞積補苴」的道路，而無補於整個文化的革新了。

這一病症一直拖到十九世紀中葉，西方文化擊破了中國之門，於是內憂外患一時俱發；傳統文化的百孔千瘡才暴露無遺。在這種情況之下，中國的舊傳統須加以徹底的清理與改造原是天經地義的事。不幸當時舊傳統的保衛者既不知己又不知彼，依然沿著文明偏向發展的舊路線來應付此一巨變（中體西用派在本質上也還是強調中國的「精神文明」的），這才激起「五四」以後的盲目反傳統運動，使中國陷入更深的錯誤泥淖之中，不能自拔。事實上文明或傳統的偏向發展必然會造成許多阻礙進步的腐朽因素，這是世界文化史上的通則。朱里安·赫胥黎在其〈進步的新定義〉中，便指出了這一點：「無論如何我們可以說，文化或傳統中的一方面強調——換言之，即特殊化（specialization）——或在當時或在稍後，是會損害及進步的程度的。它需要加以改正，而這種必需的改正有時卻會是暴力的。……君權神授和其他類似的過度強調需要革命來摧毀之；法西斯主義與納粹主義（對於國家民族的過度強調）也要求一個世界大戰。……在過去一世紀中，西方人很顯然地對於物質方面是過分重視了——重量而不重質，重新奇事，重對自然力量之控制而不重控制人類自身，重變化與複雜而不重統一，重物而不重心，重技術而不重藝術（包括人生藝術在內），重手段而不重物質。」赫氏對近代西方文化的批評的確深刻之至。這種偏向發展也同樣給西方傳統帶來許多必須加以清除的腐朽渣滓。在西方文化對照之下，再回過頭來看中國，我們覺得宋明以來中國人之過分強調道德、精神這一方面，確已使得傳統文化走上了偏路，因而才弄到「禮教吃人」的地步。當「五四」反傳統運動初展開時，當時激進派所攻擊的舊傳統，大抵上都是一些腐朽的文化渣滓，而非中國文化的全部。如果中國人能於西方文化侵入之初，即一步一步地糾正這些偏向，此後的極端反傳統的運動也許根本不會發生了。唯其開頭走錯了路，所以才一連串地錯到今天這步田地。因之，我們可以說，保守派之分不清真正的文化傳統與腐朽的文化渣滓之間的區別乃是造成中國悲劇最大的主觀因素。

然則中國的文化傳統在中國全面社會重建的大運動中究竟還有沒有作用呢？我們的答案絕對是肯定的。不可否認地，中國社會的重建第一步仍不能不是民族主義的；因為至少目前我們依然是間接地處在異族文化的征服之下，中國人的精神仍被壓制而不能自由伸展，而傳統在喚醒民族自覺心這一方面卻具有特殊的效力。雷丁說：「傳統的功能乃在於它可以幫助建立一個民族的理想，並因而激起民族主義的情緒。」又說：「傳統除了發展民族主義的功能之外，它在指導國家政策與決定某些必須產生的發展的限度上，都占著很重要的地位。」這些都是非常平實的話，值得我們深思的。布萊士（James Bryce）在他的《國際關係》（*International Relations*）一書中曾給民族（nationality）下過這樣一個界說：「讓我們首先把民族當作由某些情感所維繫在一起的人的凝聚。其中主要的情感有種族與宗教的，但這裡還存在著另外一種社群的意識，這種意識則是由共同語言、共同文學、過去的共同成就與遭遇、共同的習俗與思想習慣、共同的理想與願望等等所造成的。」這裡所列舉的許多共同之處顯然是可以包括在「共同傳統」的概念之中。明白了這個道理，我們便大可不必為中國文化傳統的喪失而憂慮了；祇要中國有重見光明的一天（這一天是必然會到來的），我們舊傳統裡許多有價值的成分，一定要成為未來新文化建設的主要基礎，至於我們究竟怎樣來決定舊傳統的取捨，那就需要新史家、社會科學家們對中國全部歷史文化與社會結構加以精密的分析與研究，不是我這篇文章中所能討論的了。我在此所能說的是，我們的態度必須是向前的，我們的著眼點必須是整個中國文化的發展與進步。我們清除傳統中的某些部分祇是要為中國文化的前途掃蕩障礙物；我們保留傳統中的某些部分也祇是因為它們可以成為未來新文化的基礎。我們的根本問題是在於如何開闢一個嶄新的康莊大道，使我們可以自由地為未來的中國人創造一些優良的新文化傳統，使我們的子子孫孫都可以把我們所留下來的傳統當作踏腳石，而一步步地邁向更高的文明境界！

論文化整體

文化之為一整體，原是一種自明的道理。可是這個道理，由於近代西方文化的日趨分散，已漸漸為人們所忽視。而這種精神上的分散又反過來加深了近代文明的危機。自從西方文化侵入中國之後，中國學術界對於文化問題遂發生了濃厚的討論興趣。張之洞最早所提出「中學為體，西學為用」之說便是對於中西文化加以省察後的一種結論。「五四」運動以後，中西文化的爭論更趨激烈；約略言之可分為三派：中國本位派、全盤西化派與調和折衷派。這種爭論的主要論點之一便是中西文化的異同問題，一涉及文化的異同，文化整體的問題便自然而然地顯露出來了。我們姑不論中西文化的不同究竟為何，至少我們無法不承認這二者確是不同的。整個地看，中國文化與西方文化的差異固然很明顯；分別地看，一個中國人與一個西洋人之間也無疑存在著許多分歧，我們殊不難一望而知。我們常聽人說：「中國有中國的一套，西方有西方的一套」之類的話，這「一套」是指什麼而言的呢？毫無疑問題是指的「文化」。文化是成「套」的，這「套」的學術名稱便是「整體」。由此可見文化的整體性根本便包含在文化的本質之中。

現在讓我們先引幾位文化學者對「文化」一詞所下的定義，也許可以幫助我們對此問題的瞭解。近代第一個在文化人類學中引用「文化」（culture）這個名詞的乃是泰勒（E. B. Tylor）。泰氏在其一八七一年出版的《初民文化》（*Primitive Culture*）一書中開宗明義地說：「文化乃是當個人為社會一分子時所獲得的包括知識、信仰、藝術、道德、法律、風俗及其他才能習慣等複雜的整體（complex whole）。」杜威在《自由與文化》中也說：「人類日常生活上的聯繫和共同生活的條件，這一種錯綜和複雜的關係，我們總稱之為『文化』」；又說：「文化是一個錯綜的風俗習慣的結晶體，具有維持現狀的傾向。」杜氏這裡所一再強調的「錯綜的關係」以及「結晶體」顯然就是指著文化的整體性而言的。功能學派大師馬林諾斯基（Bronislaw Malinowski）則說：「文化顯然是完整的全體（integral whole），其中包括器具與消費貨物、各種社群的憲章、人們的思想與工藝、信仰與習慣等。」（《科學的文化論》〔*Scientific Theory of Culture*〕）。我想這幾位學者的文化界說已經可以使我們相信文化在本質上便具有整體性的事實了。肯定了這一點，我們就可以進而討論文化整體性本身所涵攝的種種問題。

在前面我們所引的幾個文化定義中，一方面雖都承認文化是一整體，而另一方面則又同時指出文化包括著各種具體的要素如習慣、風俗、道德……等，可見文化的內部原是分歧的。文化因素的種類極繁，我們很難一一地列舉出來。文化人類學中所列舉的文化因素有些祇適用於初民社會，而已為今日高等文化所淘汰。如果我們要將古往今來各種文化中的因素加以抽象與分類，以求出一種共同的文化要素，那麼，我們不妨接受錢穆先生在《文化學大義》裡所提出的「文化七要素」及其相互配合的說法。錢先生說：「我們屢次說過，文化是指人類生活之總體，而人類生活則是多方面各種部門之配合。人類文化逐漸演進，則方面愈廣，部門愈雜。但扼要分析，我們仍可將人類生活之諸多形態分割成七個大部門，我們此刻稱之為文化七要素。古今中外各地區、各民族一切文化內容，將逃不出這七個要素之配合。……此文化要素，一經濟、二政治、三科學、四宗教、五道德、六文學、七藝術。此已包括盡了人類文化所能有的各部門與各方面。」錢先生這一番在整體中見分歧的話頗能把握住文化的本質。而文化的整體性也祇有在這種種分歧的文化現象中才能顯示出意義。我們通常觀察一種文化，無論是西方文化或中國文化——最初總是覺得它的象態萬殊，眩人耳目，可是時間久了，我們又會發現每一個文化的確都有其獨特的個性，這個性表現在該文化中的每一個人以及每一事物上面。

但是近代有不少學者都漠視了文化的整體性，而祇看見其中的各種分歧。如果我在政治、經濟、科學……等等文化因素之上再也看不見一個統攝各部分之整體，那麼我們在觀念上勢必會發生是否有某一因素為整體文化的基礎的混亂。這種觀念上的混亂特別顯著地表現在歷史哲學方面。其中最具影響的乃是政治史觀（如佛利門〔Freeman〕、西萊〔Seeley〕）與經濟史觀（如馬克思）。前者以文化的基礎在政治，後者即以經濟為文化發展的基本動力。在我們中國傳統的史學上，政治史觀一直占據著統治地位，近數十年來唯物史觀又大行其道。這類歷史哲學也在一定程度上阻礙了人們對文化整體的認識。因之，我們要想瞭解文化整體。首先便得清除一切強調某種「唯一因素」的歷史觀。關於此點，我願意引證一點歷史文化的研究結果加以說明。韋思勒在他的《人與文化》的名著裡曾對政治、經濟等因素不能成為文化的基礎一點，有所辯證。他說：「政治組織的成長是靠對其他政治組織的征服，而文化的征服則祇能出之於融和一途。尤有進者，政治組織的本身乃是文化的一種特性。……那麼僅僅是文化的特性之一的政治組織，如何能夠為文化全體建立起界限呢？這當然是不可能的，除非我們認為它是整個文化結構的基礎。很多人的確都持著這種看法，但是我們已經看到這是不對的。」這番話已經澄清了文化整體與政治因素的一般關係。至於經濟因素，韋氏則認為，「可以想像的，雖然全世界都已採用了工廠的生產制度、航空運輸等等，但文化的重要分歧則依然存在。儘管這種分歧確已因此而減少，至少照目前的趨勢看我們的文化特性是愈益標準化了，因為交易地區的擴大已使得商業需要這種標準化。可是我們並沒有理由相信，這種趨勢會很快地使文化本身走上某種一致的標準，這是因為經濟狀況並非到處都是一樣，而且要想拉平這種狀況與改良大量不適宜的環境則將需要很長的時間。」韋氏否定經濟狀況的一致性可以決定各種文化之標準化，正是無形地打擊了唯物史觀的武斷教條。此外如湯因比，一方面指出技術改良與停滯並不必然與文明之興衰有關，另一方面認為領土擴張與擴張的終止倒恰恰相是和文明進步成反比例的。這無疑也是對於強調政治或經濟因素者的一種有力的否定。

韋思勒告訴我們，文化特性（culture traits）的普遍性並不能成為使各種文化趨向一致的根據，無論這特性是政治、經濟、科學發明或其他。在這一關聯上，我們接觸到了文化類型（pattern or type of culture）的問題，而這問題則正是文化整體論所必須觸及的核心。這裡我們且試做一番分析。

我們都知道世界上曾有過各種不同類型的文化，即使在今天，人們也承認西方文化、中國文化、印度文化、阿拉伯文化是四個不同的文化系統。英人甄克思（Edward Jenks）在其《社會通銓》（*A History of Politics*）中則將文化分為遊牧、耕稼與工商之三型：湯因比指出人類已成長的文明便有二十一個之多！素羅金認為文化有感覺的（sensate）、理覺的（ideational）、混雜的（eclectic）各種區別；達尼列夫斯基則有「文化歷史形態」（cultural-historical types）之劃分……。這種文化的分類頗多，我們也無法列舉。從這種分類的情形看，我們儘管可以不接受這些學者們的具體的分類方法，可是我們卻無法不承認，每一文化的確都有其獨特的個性——所謂個性乃是就全體文化的相較而言的，若僅就每一文化的本身而論，這個性便恰恰是它的整體性。我們說文化是有個性的，每一文化都是獨特的，其主要意思並不是否認一切文化在物質基礎上的大體相同。根據人類學家的研究，不僅在物質方面如火的使用、弓箭的製造……等各種文化都是一樣的，甚至在某種程度的精神方面如若干禮俗、道德觀念、思想歷程……等也有著極大的相似性。這種大體相同是如何產生的呢？根本上乃由於人類文化在大本大源處原是相差不多的。馬林諾斯基在〈什麼是文化？〉（“What is Culture ?”）一文中曾說：「無論我們考慮一個非常簡單的初民文化，或一個極其複雜而高度發展了的文化，我們都會碰到大量的設置，一部分是精神的，一部分是物質的，這些設置都是人們用以應付他們所面對的種種具體的、特殊的問題。而這些問題則都起於人具有隸屬於各種器官需要的身體，和他所居的環境，這環境一方面是他的至友，因為它為人類的創造提供了原料，一方面又是他的敵人，因為它也庇護了許多與人為敵的力量。」接著馬氏又列舉了各種文化在許多具體事實上如倫理、法律、工具、習慣等的基本相同點。當然馬氏並不以此為文化的全部內涵，他祇稱此為「文化的物質基層」（the material substratum of culture）。在這種基層上，所有文化確是大體一致的。韋思勒也說：「群聚的文化可以有種種界說，但所有的界說都常是一個意思：那便是部落的思想與事業的積累，一點不多，也一點不少。」（按：人類學裡所用「部落」〔tribe〕

一詞與我們通常的瞭解頗有出入，它並非祇是初民社會中的野蠻部落，而含有政治獨立與團結的意義，我們亦可視之為「文化單位」，因此文明先進的國家民族也祇是一種「擴大了的部落」〔enlarged tribe〕。）由此可見，人類文化在本源處的相同原是無可置疑的事。但這種本源處的相同卻顯然未能掩蓋了各種文化之間的差異，換言之，文化形態並非由其「物質基層」所決定：因為各種文化類型之異殊非「物質基層」之同所能解釋。唯物史觀否定文化類型之事實，認為一切文化之差異都祇是階段高下之別，其錯誤是很顯然的。此所以馬克思對於東方文化亦不能不別立所謂「亞細亞生產方法」的假設以附會之。這更足以說明文化之有類型確是一種顛撲不破的真理。我們不妨再用個人來作一比喻；所有人在生理方面都是大體相同的，但每一個人都是獨特的，所謂「人心不同，各如其面」。而每一個人的個性對於他自己來說，則又是一種完整的人格。同時，個人也是有類型的，心理學曾根據情意志的比重不同，將人分為內傾型與外傾型，其道理亦頗與文化類型相似。當然這祇是一種比喻，絕不能有超乎比喻以上的意義。基本上肯定了文化類型的存在之後，我們可以進而探討文化類型本身的涵義。在文化人類學的著述中，講文化類型最著名的乃是美國一位女人類學家——露絲・本納狄特（Ruth Benedict）。本氏關於這一方面的名著是《文化的類型》（*Patterns of Culture*）；近來文化學者如：克羅伯、費布勒曼（James Feibleman）、捷可伯（Jacobs）、斯登（Stern）等在他們文化人類學的作品中都一致加以推崇。本氏在該書中曾如此地說明文化類型的性質：「一個文化，正如一個人一樣，多少是一種思想與行動都一致的類型，每一文化之內，都存在著一些特徵性的目的，而不必然為其他形態的社會所共有。每一民族都一步一步地凝結他們的經驗，以為這些目的服務，同時他們各種性質不同的行為也愈來愈趨向一種一致性的形態，以應付這些驅動力的急迫要求。……這種文化的類型化是不容被看作無關緊要而加以忽視的。正如近代科學已在很多方面所強調的一樣，全體不僅是它的各部分的總和，而是各部分的獨特安排與交互關係的結果，這結果最後產生了一種新的實體。……同樣的，文化也比它的特性（traits）的總和為多。我們也許知道一切有關一個部落的婚姻形式、儀式性的舞蹈、青春發情期的開始等，但仍可於為其一己目的而使用這些元素的文化整體，一無所知。」本氏特別強調在各種分散的一般文化特性之上還有一種抽象的文化整體，這就是文化之所以凝成各種不同類型的根本依據。克羅伯對本氏此說頗表贊同，他在其新著《文化的本質》（*The Nature of Culture*）中說道：「類型或形勢（configuration）

都似乎最有利於文化上的鑑別與陳述。在這一點上我是和露絲·本納狄特站在一起的，雖然我在實踐中與她有幾點不同之處，我贊成她所謂整體性的文化類型的陳述方式是適宜和有價值的。我也贊同她所謂整體文化的一種特徵乃是心理學上的氣質與特殊精神；不過我們不應以此廢除或代替文化學上的名詞。……最後我還主張從本氏的靜止的與非歷史的文化概念走向類型的與整體文化之流的兩重斟酌上去。」文化人類學因受材料限制，對於文化整體或類型的討論未能更進一步，因此我們遂無從瞭解：各種文化類型之形成究竟決定於那些具體因素。這裡我們祇能做一點推測。我們推測文化類型的產生最初大概是由於地理環境的影響：海濱、沙漠、高原、平野、島嶼以及氣候等等差異，在開始時便決定了每一個「部落」的文化路線。（錢穆先生在《中國文化史導論》及《文化學大義》兩書中對於文化的地理背景有深刻的觀察，讀者宜參看。）但在文化路徑發展之後，該文化中的人的心理因素遂逐漸取得領導地位，因而形成了一個民族文化的特殊精神。這便是杜威在《自由與文化》中所指出的文化條件代替物理條件的事實：「在人類早期的歷史中，文化條件簡直就像生理條件一樣，影響並決定人的意志。文化條件被視為『自然』的現象，它們的變動反而被認為違反自然。等到後來，文化條件才被認為多少是人類心智活動的結晶。」在這裡，杜威肯定了人性對於文化的一種決定性的作用。本書在〈論自覺〉一篇中所討論的祇是一般性的心理因素，並未指出同樣的自覺又何以會構成不同類型的文化。這裡我願意補充一筆，那便是自覺的具體發展亦須受特定的自然條件的規範。

克羅伯認為本納狄特的《文化類型》祇從橫斷面看是不夠的，而應追溯其歷史背景，這是非常正確的；同時這也正是「文化」與「社會」的根本差異所在。文化整體不僅意味著某一階段的整體性——若僅止於此便應稱之為社會整體——同時還具有貫通古今的涵義。我們試看現存的一切文化，其類型都非一時產生的，而實有其深遠的歷史背景；質言之，任何文化類型，儘管在漫長的歷史進程中幾經變化，其根本個性卻並不消失，祇不過不斷地表現為新的形態而已；可是有不少文化學者，包括克羅伯在內，卻多少都犯了一個共同錯誤；即認為文化的生命如自然生命一樣，有其生老病死的必然程序。斯賓格勒認為文化的生命有五十年、一百年、三百年、六百年四種；費布勒曼也把文化生命分為：一、起源，二、成長，三、死亡三大階段；克羅伯雖否定文化的生老病死的必然定律，但卻認為愈是有「高度價值的文化類型」（high-value culture pattern）則其生命亦愈短促。克氏的文化生命說牽涉到文化類型的問題，值得我們多說兩句話。克氏此說的理論根據是說，文化類型係起於該文化在某些「文化特性」方面的特殊發達，因此它的範圍便比較狹小，反不如低級文化在各方面都較平均，雖無特色卻亦可以穩步漸進。文化內容既專門化而範圍又狹隘，其發展便不免易於達到飽和點，「盛之極也衰之始」，文化達到飽和狀態自然非死亡不可了。其實這種論據是相當薄弱的。克氏此一理論的錯誤甚多：首先，他對於「文化類型」這一名詞便不太清楚，素羅金在《危機時代的社會哲學》裡已有所批評；其次，他所謂文化發展（無論指其中任何一種特性）有飽和點，純粹是一種無稽之談；最後，他把「文化類型」解釋為「專門化」也不正確，其實「文化類型」乃是各「部落」對於各種不同的文化特性不同的「偏重」的結果。因此，我個人對於文化生命的問題還是採取韋思勒所謂「部落可來可往，文化永遠向前」的看法。我們僅就西方文化、中國文化、印度文化等現存的幾大文化類型的悠久歷史而言，已足可相信，具有高度價值的文化類型並不一定是短命的。應該指出：人類學家的文化觀主要是從初民社會的社區研究（field-study）中產生的，因此便不免有忽略文化的歷史性的毛病。在他們看來，西方文化可以分解成希臘文化、羅馬文化、中古文化……等；在這一點上我們便不能不和他們分手了。我們認為希臘、羅馬、中世紀……等都應該包括在「西方文化」這一總類型之下，同時就地區言，今天的西方文化至少也應該包括西歐與美洲，不能以人類學上所謂「部落」為文化單位，因此我們在這些地方就寧可採歷史學家如斯賓格勒、湯因比諸人的文化分類法。因為一切事物的分類方法都有大有小，係依人們劃分的觀點而定。一個大的文化類型，在長期歷史進程中，常不免有文化變遷發生，變遷的結果則往往引起整個文化面貌的改變。這些變遷在我們看來，都祇應稱之為「社會解體與重建的過程」，因為它並未能超出該文化類型的範圍之外。因之，我們於此寧取奧格本（W. F. Ogburn）所用的《社會變遷》（*Social Change*，這是他的一部名著）之名。

依據我們的觀點，具有類型的文化不但不是短命的，而且還是歷史悠久的表現，所謂「類型」乃是在各種不同文化的比較之下產生的，這祇是就文化的外形而言；但文化整體還另有其內在的涵義，我們現在必須加以討論。從外形看，我們所得到的乃是文化的大輪廓，這是比較簡單而易於瞭解的；可是若從文化的內在結構著眼，情形就顯然複雜多了。

本納狄特雖然已指出文化類型之凝成是因為每一文化都有其獨特的中心目的（certain purposes），而每一文化中的一切經驗與行為也都環繞著這種中心目的而產生，故各種「文化特性」之間存在著相當程度的一致性。這樣，我們便接觸到文化整體的內在和諧的問題了。一切文化都具有大體相同的「特性」或要素，但由於每一文化都有其特殊的著重點，這些特殊性或要素的實際配搭便不能不因文化而異。無論我們分析任何一種常態發展的文化，我們都不難發現，它內在的各部門如政治、經濟、道德、藝術、思想……等等，常常是相互照應的，彼此之間有著一定程度的配合，絕非毫不相干地雜拌在一起的。這裡面確然存在著一種共同的旋律。馬林諾斯基在《科學的文化論》裡說道：「文化是一個由一部分自律的與一部分平列的制度共同組成的整體。它的整體化係在一系列的原則之上完成的，這些原則包括：通過生育而形成的血統社群，因合作而產生的空間連接，活動的專門化，以及政治組織上的權力運用等。每一文化的完整性與自足性都由於這種事實，即它全面地滿足了文化中基本的、工具的以及完整的要求。」馬氏從他特殊學派——功能學派（functionalism）的立場上所看到的文化構成條件表面上雖與一般的文化要素或特性有異，但實際上還是符合一般的文化通則，我們從他所提出的「文化是一個由一部分自律的與一部分平列的制度共同組成的整體」這一原則上已可以看得出。而「自律的與平列的」（autonomous and co-ordinated）這兩個形容詞則尤能說明文化整體中的各部分必須協調的真象。杜威對這一點曾有比較明確的說法：「文化的狀態是很多因素不停地在交互影響的狀態，這些因素中主要的是法律和政治、工業和商業、科學和技術、表現和傳達的藝術、道德，或人類所尊重的價值和他們衡量價值的方法；最後雖然是間接地，人類的社會哲學——即人類批評和接受他們周圍事物的那一套思想方法。我們現在所著重的是自由的問題，而不是答案，因為我們深信，所有答案都是不著邊際的，除非我們先拿這問題放在構成文化的各因素，以及文化與人性的因素之間的交互影響中一起看。在討論這問題時，我們有一個基本原則，不管那一個因素在某一個時期有特別強的力量，我們不能拿它加以孤立，否則我們就無法瞭解一般情況，和採取任何合理的行動。」（《自由與文化》，人生出版社譯本）文化整體中所包含的各部分是永遠在交互影響與交互作用的過程之中，彼此都環繞著一個共同旋律而求致相互間的協調與適應。這即是克羅伯所說的「文化通體相關論」（cultural relativism）。他說：「文化通體相關論的原則早就是人類學學說中的一種標準，它的涵義是：任何文化現象都必須放到該現象所隸屬的文化全體中去求瞭解與評價。」（見 *Theory of Culture*）

從以上的檢討中我們可以看出：文化中著重與講求的乃是協調、和諧、合作、相互適應、交互作用這一類的概念，絕不用上衝突、鬥爭之類的字眼。一個文化如果發生了內在的衝突與鬥爭，這祇說明該文化已離開了正常的發展軌道。但是真正要瞭解文化的內在諧和，還必須具備歷史的眼光。文化程度的高低與其內在諧和之間有著密切的關聯。一般地說初民社會的諧和性遠不及高度文化中的各種因素配搭得適當（當然，文化變遷期間的情形不能包括在內）。從理想的文化觀點來看，完美無缺的社會整體——全體對部分絕對運用自如的內在諧和——是永遠追求不到的，文化的歷程乃是邁向此一無止境的理想的一種永恆運動過程。捷可伯與斯登在其合著的《普通人類學》（*General Anthropology*）裡曾明白地告訴我們：「沒有一個文化是百分之百的具有完整性的或其構成特性與複合物可以達到完全靜態的均衡，因為發明與文化傳播乃是在不斷發展與運動的過程之中。」克羅伯也說：「一切文化都趨向整體化，但基本上則都祇能達到某種程度的整體化，而永不可能完全整體化。後者乃是少數人類學家所杜撰的一種理想狀態，並不是歷史真象。」（*Theory of Culture*）

我們如此強調文化整體性及其中各部分之間諧和的重要性很可能引起一種誤解，那就是把文化整體看作近代新興的全體主義或極權主義（totalitarianism）的一丘之貉。其實這二者完全不同。撇開這二者在內容、範圍、對象各方面的完全無關不說，僅就形式言，其間亦毫無共同之處。首先，極權主義強調文化中的某一特殊因素（如種族或生產方法）為整個文化的基礎；文化整體則注重各因素之平衡與協調。其次，極權主義的社會結構是從上而下的強迫性的權力集中；文化整體下的社會各部分則是自動地凝成一統攝性的精神力量以涵蓋全體。第三，極權主義認為政府是萬能的（omnipotent）；文化整體中卻並不包括某種文化是全能的意思，如克羅伯即指出埃及與羅馬缺乏哲學、阿拉伯缺乏雕刻、中國缺乏科學，這種各有所重亦有所缺的事實正是構成文化類型的基本因素。僅僅從這幾點犖犖大者的差異來看，我們便沒有理由相信這二者之間存在著任何關聯。有些文化學者因缺乏這種認識遂不免對文化整體持著不必要的憂慮，如費布勒曼在其《人類文化論》（*The Theory of Human Culture*）中即有過這樣一段話：「在一個太整體化了的文化中，領導性制度會僭越其他制度的功能並對其他制度加以專斷地支配。而在一個太不整體化的社會中，卻又缺乏適當的制度領導與各制度間的關係。在西方文化中，中古時代宗教僭越了其他制度的功能，正如商業在二十世紀初葉的趨向一樣。現代的危機則是政治將篡奪其他制度的功能，這在某些國家已有了表現。」費氏這種見地自然是很好的，不過對於文化整體來說，並不十分切合。

以上所論乃就文化整體在常態情形下的一般意義而發揮的；在常態情形之下，

文化多少總是整體性的，所以不發生什麼問題，而人們也很少自覺到這一點。但在文化變遷之際，舊社會已解體，而新的社會秩序未曾建立，文化的整體性遂暫時消失，直到社會重建的過程完成之後，才能恢復。而文化變遷，一般地說，則可以分為兩大類，一是由於內在文化條件的改變而產生的，一是由於受其他文化的外在衝擊而激起的。前者如中國的春秋戰國時代以及西方近代的社會轉變屬之，後者則以近百年中國受西方文化的挑戰為最典型的例證。由於篇幅所限，我們在此祇能對後者做一點原則性的討論，這一方面是因為它比較複雜，牽涉到兩個整體文化的接觸與融和諸問題，另一方面則因為它可以照顧到中西文化如何求融通的現實問題，較能引起中國人的思考興趣。

文化既是整體性的，具有特殊類型的，那麼兩個不同類型的文化相接觸之後究竟會產生什麼後果呢？首先應該指出，從已往歷史上看，不同文化的接觸並不必然會引起文化變遷。沒有重要影響的文化接觸我們可以置而不論，至於有影響的文化接觸也可以分成全面的與部分的兩種。東漢魏晉時代佛教之輸入中國是部分的影響，而鴉片戰爭以後西方文化對我們的影響則無疑是全面性的了！一個整體性的文化何以會因其他文化的影響而發生變化呢？這當然也有其一定的內在與外在的因素。內在因素是該文化本身已不能滿足它自己人民的基本要求（包括物質的或精神的），而與它相接觸的文化中卻具有可以滿足此要求的文化因素；外在因素則是該文化在性格上恰恰為它所碰到的文化所克制，非有所改變便不足以圖存。至於由此類接觸所引起的文化變遷的程度問題，則又須視內因外緣的特殊情況而定。因此，兩個文化的接觸其影響卻可以是片面的。過去佛教對中國的影響當然以內因為主，近代西方對中國的影響則顯然以外緣為重。

值得我們注意的是，外來的文化因素如何而可能進入另一不同類型的文化？進入之後又可能使該文化發生何種變化？此因素本身又是否仍可保持其在原來文化中的特性？我們不妨從文化變遷的一般方式說起。杜威告訴我們：「文化是一個複雜錯綜的風俗習慣的結晶體，具有維持現狀的傾向。祇有構成文化的要素本身發生變化時，文化才會有再造其本身的可能。每一種文化都有它自己的模式，並且在安排它構成分子的比重上，亦有其特殊的方式的。」文化的變遷，無論是由於內在文化因素的變化或外來文化成分的侵入，必然會引起整個文化構成因素的重新配搭。我們絕對否定斯賓格勒所強調的文化不能傳播之說，他認為一個文化祇能為該文化中人所瞭解，因而文化不能離開原來的地方，向他處傳播。這完全是違反史實之談，不足憑信。不過我們卻不能不承認達尼列夫斯基所提出的原則：每一文化類型的基本原則，不能全部轉移至其他不同文化類型的民族中去；每一民族能受其他文化的影響，但必須自己創造自己的文化類型。這點道理原很明白，文化整體性的事實已足以說明之。據此，則一切外來文化成分必須在它所進入的文化的整體性熔爐中受到陶冶後始能生根，換言之，外來因素祇有服從該文化的特殊方式的安排才可以真正成為該文化整體的一部分。此所以同樣的文化因素在不同的文化類型中會有不同的意義與價值；有時在原來文化中很少作用的因素卻會在另一文化中占據極重要的地位，反之亦然。這頗近乎中國成語所謂「橘踰淮而北為枳」的道理。為什麼淮南的橘一到淮北便變成了枳呢？原因是「地氣然也」，「水土異也」。西諺亦有「一個人身上的肉到另一人身上則為毒」，其理亦復如此。文化整體之於文化因素便恰恰和「地氣」、「水土」之於植物一樣，這確是合乎科學原理的客觀事實，並不必含有任何貶義在內。

由於文化是整體性的，所以一個文化接受另一文化時便不能不採取使外來的因素與自己的傳統相結合的途徑，如果撇開自己的文化傳統不顧，一味地兩眼向外面祈求，則結果一定是失敗的。前者可以解釋佛教何以終能在中國流行，成為中國文化中的重要部分；後者則恰恰說明了近代中國接受西方文化為什麼至今還沒有真實的成就。湯因比在其近著《世界與西方》（*The World and the West*）一本小冊子裡曾對文化整體及與外來文化因素相接觸後所發生的情形有所分析，他用物理學與醫學上的原理作比較，指出：「一個放出來的文化輻射股，和放出來的電子或傳染病一樣，如果脫離其原來執行職務所在之體系，而被放在一個不同的環境中，自由徜徉，則將成為死症，這在原來的背景中，這個文化股，或微菌，或電子，所以不致作惡，是因為它與其他組成全體的部分，互相聯結，以得到平衡。及至脫離原來的背景，則這個解脫出來的電子，或微菌，或文化股，並沒有改變它原來的性質，但原來的性質，因為它那個東西脫離了原來的結合，就會產生致死的結果，而不是沒有害處了。」他根據同樣的理論說明「一種制度（institution）若從原來的場合縱放出來，而被遣至世界之中，聽其自己，從事征服別人的工作，則這個制度會生出禍害來。」同時他還特別註解道：「像這樣的事，在世界與西方的一套接觸中，是找得出典型的例證的。」最後他復從文化整體的觀點上綜合出文化融通的原則：「每一歷史的文化類型（culture pattern）是個有機整體（an organic whole），其中各部分都是互相倚靠的，所以如果一部分脫出其原來的背景，則此孤立的一部，和被割裂的整體，其行為便與原封不動之原型大不相同。……此外還有一個後果亦極關重要，即『一事導致另一事』。如果一塊碎片由一個文化中脫離出來，而進入一個外國的社會體內，則此孤立的碎片將挾在碎片原來所在之社會體系內的其他成分，走進那個外國的社會體內。在此碎片所進入的新環境內，那破碎了的整個原模又將再行組織起來。」我想湯氏這一番話已經說得很明白，無須乎再加解說。由此可知文化的融和絕不能祇是機械地把別人好的東西搬到自己文化中來，這其間要經過一番拆散後再配搭的曲折過程。其所以必須如此者，便是由於本文所一再強調的文化整體性的緣故。我們常常提到「中西文化必須求致有生命的融和」之類的話，此「有生命的」一形容詞驟看似乎頗含有神秘意味，其實文化的生命並非自然生命所可相提並論，本文的整個討論應該可以使人們瞭解所謂文化生命的實際涵義其實便是「文化的整體性」。本納狄特說得好：「文化的整體性絲毫沒有神秘可言。它的產生正如藝術風格之產生與持續的程序無殊。」

有了這種活的文化觀作衡量標準，我們便很容易瞭解近百餘年來中國討論文化問題的各派的根本錯誤何在了。本位文化論者不瞭解中西文化的本質，盲目地拒絕一切西方文化的挑戰，固毋庸論。全盤西化論者則於文化之具有類型與生命一點，茫無所知，他們祇看到文化的純物質面、機械面，並且還有意無意地抹殺每一文化有其特殊精神——即本納狄特所說的「中心目的」——的事實，於是遂以為西方文化可以毫無選擇地全部搬到中國來。折衷調和派的錯誤乃在於忽視了文化的內在整體性，把文化看作是可以任意剪裁，以截長補短的事；至於湯因比所指出的，外來文化因素滲入後所引起的一系列拆散與再配搭的複雜過程，更是他們所夢想不到的了。尤有進者，文化變遷的原因雖可以是外鑠的，真正的文化再造卻必須是自發的，湯因比的文化成長繫於「自決」（self-determination）說，以及達尼列夫斯基的民族在其他文化影響下個別地創造自己文化說，都在不同的層次上對文化改造必須具有內在生機一點，提供了理論的根據。文化本位派雖然較能「內自省」與「反而求諸己」，可是他們對於西方文化的本質及其在性格上對中國文化的克制毫無認識，同時對中國文化本身亦無自覺的瞭解，這自然不足以言解決近代中國的文化問題。若僅從文化整體性這一角度上看，本位派與西化派儘管於文化整體與文化類型之間的關聯未能清楚，總算已各自片面地觸及了中西文化的內在整體性，故有時尚有深入之論。（本位派祇看到中國文化是一自足的文化系統，西化派也祇看到西方文化是一不容割裂的完整的體系。）但是他們的視野終究不免為時代所限，所以這點認識也僅止於極粗淺而模糊的階段之上。其中最不足取的還是調和派，因為他們毫無原則，意見亦最為淺薄；讀者們根據本文的觀點而加以思考則自能得之，我不想多說了。

最後我願意將文化整體的重要性配合到當前的時代要求上，加以說明。本文在一開始時便指出近代西方文化的日趨分歧，與當前文明危機頗有關係。西方文化自從脫離了基督教的羈絆之後，無論在社會結構或學術研究上都走的是分裂之路。尤以科學研究方法興起之後，任何一門學問，不要多久就被分解成好幾個獨立片斷，從此便與母體完全脫離關係，各自樹立門戶去了。誠然，中古社會，由於統一全體的精神外殼之僵化窒塞了人文活動的各方面的開展，確不能不說不是文明進步的一種阻礙；因之，近代精神之興起亦確有其文化史上的進步意義。可是話說回來，僵化的統一精神固然要不得，統一精神的完全喪失所可能引起的文明危機則無疑尤甚。人是囫圇的，文化也是整體的；人若發生了精神分裂、人格多元的現象，便被看成一種極嚴重的病症，那麼文化喪失了統一精神而形成四分五裂的局面時，不也同樣是一種可怕的危機嗎？我們雖不能說近代西方文化已完全支離破碎，但我們卻有著太多的理由相信它確已接近這種險境的邊緣。社會結構上之缺乏統攝力量使人們體驗不到實際生活中的完整意義；學術思想上之有分析無綜合更使人們失去了精神上的統一之感。極權思想與制度之所以興起主要地正是由於抓住了這一巨大的漏洞。雖然說文化本身便多少是整體性的，但文化並非與人無關的東西，人的主觀努力乃是決定文化發展的基本動力之一。如果人們在主觀上完全放棄了求致文化完整的努力，則文化整體性事實上便無法不受到嚴重的損害。此所以赫胥黎對近代西方人之重 variety 而輕 unity 曾深致其慨嘆！

我說這番話的意思當然不是要人悲觀，更不是企圖證明西方文化已走上死亡途徑，無可挽回；我的本意祇是要提醒人們對於文化整體性的注意。我對於這危機的嚴重性也許渲染得過火了一些，但我對於前途的看法還是樂觀的。支持這樂觀的並非完全是主觀的陶醉，而實有其事實上根據：那就是西方人已逐漸領悟到文化整體的重要性，並已朝著這個方向邁進了。在實際社會結構方面，由於極權主義的挑戰，西方的民主已開始走上一更高的境界；在學術思想方面，「整體」的概念也慢慢有著抬頭的傾向。關於前者，我曾在《近代文明的新趨勢》裡有所敘述，此處不想再贅；關於後者我願略略提出一些線索。

在歷史文化哲學的範圍裡，據素羅金在《危機時代的社會哲學》一書中綜合各家學說的結果，文化的整體性乃是所有文化學者共同承認的事實，他們同時還承認每一主要文化都有其整體性的領導精神（「基本前提」、「哲學前提」或「最高價值」）。他們並從文化研究中推衍出對西方文化的一個共同看法；即西方文化目前處在危險的過渡期間，將來必有所改變，而成為一種與以往數百年不同形態的新文化。在其他科學的領域裡，「整體」觀念也興起了。史特恩（Wilhelm Stern）在心理學上主張以不分裂的整體個人為心理學研究的起點，而反對把人做原子式的分解性的研究。第一次大戰後完形心理學（Gestalt Psychology）亦極力提倡對人的研究應從全體而非部分開始。武靈格（Wilhelm Worringer）則從美學的立場上強調藝術創造上的完整性。在哲學方面狄爾塞（Wilhelm Dilthey）也發揮過整體的觀念；狄氏曾分析了一部分思想史以說明各種哲學系統的相關性，人生是一種「寓變化於統一」的不可分整體。（參看：本納狄特的《文化的類型》）

履霜冰至，我們雖不敢斷言這些整體觀念是否很快地就會促使西方文化走上高度整體化的境界，但這種新的整體化運動的到來則是必然而又當然的事。在未來的整體文化中，一方面固然會有統攝各部分的整體力量，另一方面近代西方文化四面開展的精神卻並不因此而萎縮。這是一種「寓不同於統一」（variety in unity）的狀態，也是一種「和而不同」的狀態。祇有這樣一種文化整體對內才可以解開今天西方文化中所存在的許多糾結，對外才能夠促使其他文化——特別是中國文化與它攜手並進，以逐漸達成世界大同的最高文化理想！

附錄一

「五四」文化精神的檢討與反省
——兼論今後文化運動的方向

這裡所收的兩篇關於「五四」的文字都是在近兩年來的「五四」紀念日，應本港刊物之約而寫的。第一篇發表在去年的《人生》雜誌上，第二篇則發表在今年的

《自由陣線》上，因為同是討論「五四」文化精神的，故合在一個總題目之下。[1]這兩篇文字都曾在不同的重點上對「五四」的文化精神有較深入的論列，讀者合而觀之，當更瞭解「五四」的意義何在。下一篇〈我對中國問題的反省〉則又直接根據第一文的討論而產生，用意一貫而內容較廣泛與具體，亦盼讀者不要略過。

著者附誌

一

《人生》這一期出版之時正值「五四」運動的第三十五周年紀念。這個節日，此時此地，不禁引起我們沉痛的回憶與深切的反省。「五四」是一個多方面的運動，它的意義因此也未可一端而論。本文祇打算從文化觀點上表示一點意見。

從文化觀點上著眼，「五四」乃是近代中西文化接觸的重要轉捩點之一。中西文化的接觸從明末算起，足足有了四百年的歷史。這四百年的中西文化接觸大體上可以劃分為三個主要階段：從明末傳教士東來至鴉片戰爭前為第一階段；從鴉片戰爭到「五四」運動為第二階段；「五四」運動以後遂開始了第三階段。第一階段可以說是真正意義上的文化交流；因為西方教士東來的主要目的是傳布耶穌教義，同時隨以俱來的還有天文曆算各種科學。當時的中國人不能接受西方的宗教，卻並不拒絕西方的科學；而另一方面傳教士為了在中國推行教義，表面上也有許多從權的地方，因而開始了中西文化的最初的融和（如允許中國教徒繼續拜祖及敬孔之類），雖然後來羅馬教廷改變這種權宜之計，中國政府亦因種種原因禁止了傳教運動；然而中西文化接觸史的第一頁畢竟是寫下了。這是十六世紀下葉至十七世紀初葉的事。十七、十八世紀，西方的商業逐漸向中國發展，但文化的接觸並未曾有顯著的進步。及至十九世紀西方文化本身發生了重大的變化，帝國主義精神興起之後，文化接觸竟成了經濟侵略的副產品。這樣中西文化的接觸便踏上了第二階段。

1 編按：第一篇文章為〈五四運動的再檢討〉，《人生》七卷十二期（一九五四年五月），頁三—四、六，即本文的第一部分；第二篇文章為〈五四文化精神的反省——兼論今後文化運動的方向〉，《自由陣線》二十二卷十一期（一九五五年五月），頁五—六、二二，即本文的第二部分。

在這個階段裡，西方人的目光集中在商業利益上；而中國人所直接感受到的西方文化的突出點則是他們的「船堅炮利」。從這一特殊的瞭解下才產生了「中學為體，西學為用」的文化理論。「中體西用」的觀念曾在一個很長的時期內支配著一般中國人，尤其是知識分子的頭腦。然而這種割裂文化整體性的想法，儘管曾經一度滿足過我們的主觀願望，卻不曾解決過近代中國的實際問題。清末洋務運動的失敗便是此一理論破產的明證。於是更進一步，我們開始覺悟到西方文化的優點，並不止於「船堅炮利」，在「船堅炮利」的背後還存在著一套獨特的政治制度；我們無法捨本逐末，撇開西方的政治制度而單獨吸收它的實用科學。清末的變法運動、政治革命便是這種新的覺醒的具體表現。可是等到辛亥革命成功了，政治制度改變了，不但整個中國社會依然沒有絲毫實質的進步，就是富國強兵的舊理想也完全沒有著落。這究竟是什麼緣故呢？這種新的困惑逼使我們不得不去尋求新的答案。而「五四」運動也就在這樣誠惶誠恐的心理狀態之下，大踏步地來到了中國。「五四」運動在中西文化接觸的問題上提供了一個新的答案：全盤西化——因為那時的中國人已瞭解到政治制度依然是不根本的，要改造中國祇有全面接受西方文化，這是第三個階段。

中西文化的接觸已經有了這麼久遠的歷史，而中國人對於西方文化的認識與態度亦屢經變遷，照常理推測，這二者之間早就應該獲得了協調之道。而事實上，中西文化的接觸在中國所造成的糾結反而愈來愈解不開。四百年來我們對西方文化的認識誠然是不斷地進步中，可是奇怪得很，我們關於這一方面的知識愈多，我們對於實際問題的處理竟愈錯誤。這一殘酷的事實逼使我們不能不對中西文化接觸所產生的種種問題重新做深刻的反省。祇有通過這樣的反省我們才能認識「五四」運動的歷史地位，及其對中國文化的真實影響。

我們可以推想，如果歷史的發展是直線的，中西文化循著第一階段所表現的方式而彼此交流，那麼中國文化必然早已獲得新生命而步入文化發展的正軌了。因為一方面，西方文化當時並未走上侵略的途徑，傳教與通商都不足以動搖中國的根基；而另一方面，中國人對於西方文化的接受在態度上是有選擇的、通過批判的；在心理上也是平靜的、不求急功近利的。不幸此一正常的文化交流的路線中途被打斷了，接著便是西方帝國主義的興起。西方人再度東來時已失去了傳教士的宗教精神，而是在武力的優勢支持之下，懷著征服殖民地的迫切情懷，踏上了中國的土地。從此維繫著中國和西方的不是彼此交流的文化關係，而是侵略者與被侵略者、強國與弱國、刀俎與魚肉之間的片面壓迫關係。在這樣客觀環境中圖存的中國人民實在也不可能再保持著清明的理智、從容的態度、寧靜的胸襟去仔細觀察、體會，以至欣賞西方的文化。一股發自內心深處的仇恨心妨害了我們在中西文化之間覓取有效的配合的努力。這當然是一種錯誤。這種錯誤，表現在「五四」運動以前的是「中學為體，西學為用」的偏執，表現在「五四」以後的便是「全盤西化」的極端。從心理上的分析，前一種錯誤是由於「夜郎自大」，後一種錯誤則導源於過度的自卑。自大與自卑都是不同文化接觸中的最容易發生的心理狀態。可是我們也不應忘記，第二階段與第三階段雖具有根本相同的錯誤，卻亦有其最不相同的所在。「五四」運動以前我們並不曾自覺地意識到中國與西方的問題已成為文化的問題，那就是說我們祇知道要學西方的科學技術，而不瞭解中國文化的傳統形態需要全面而徹底地加以改造。「五四」以後，在這一點上我們至少已大大地邁進了一步。「全盤西化」雖然是一種幼稚的錯誤，但這一概念的本身確已明白地指出了中國問題的癥結不祇在科學、政治制度……等等枝節的革新，而在於整個文化體系的全面改造。僅此一點，「五四」的功勳便足以永垂不朽了。

然而時至今日，一提起「五四」運動，常會引起不少人的憎惡之情。人們之所以憎恨「五四」，最現實的理由是它促成了中國共產主義的興起；因之，也就毀滅中國傳統的文化。這種說法表面上誠然動聽，但我們不難發現，這種說法的背後卻顯然缺乏精密的分析作支持。「五四」運動是一個概括性的名詞，這一名詞包含著許許多多的事實；因此僅說「五四」運動如何如何，實在不能表現什麼意義，「五四」以後的中國歷史，直接間接地，處處都和「五四」有關；如果我們把近三十餘年來中國的一切善果惡果都籠統地歸之於「五四」運動，那麼「五四」運動便不成其為「運動」，更談不上有什麼功過得失等等價值問題了。心平氣和地觀察，我們至少也應該承認「五四」運動具有兩重最基本的精神：反對中國傳統文化與接受西方近代文化，後一項又可以分成兩方面，即民主與科學。肯定了「五四」的根本意義之後，我們不妨進而分析中共的興起與「五四」運動之間的真實關係。不可否認，「五四」時代的激昂的反傳統情緒確有利於共產黨理論的傳布，而同時「五四」運動中許多領袖人物後來又成為共產黨的發起人。這種種事實告訴我們「五四」運動與中國共產黨的產生以至發展確是有關係的。但是一般的歷史背景與部分的領導人物的相同是不是中共興起的充足條件呢？至少我個人不敢做肯定的答案。領袖人物的相同祇是歷史的偶然而非必然，根本沒有討論的價值；祇有反傳統的風氣一點才似乎與中共的興起有著比較密切的關係。若做更進一步地分析，反傳統與共產主義事實上也還是偶然連在一起的；太平天國時代中國已經開始反傳統了，太平天國並不曾帶來共產主義；變法運動時代譚嗣同、梁啟超已經很熱烈地攻擊中國傳統文化了，而變法運動之後依然不曾立刻掀起共產主義的潮流。這些淺近的史實給我們指出，反傳統與共產主義之間同樣沒有必然的關係。共產主義可以伴隨反傳統運動而出現；反傳統運動卻不必會帶來共產主義。反傳統運動也可以為共產主義盡開路之功，而共產主義之興起卻並不必然要反傳統運動為之前導。因此即使我們承認「五四」運動所開的反傳統風氣曾經促成了中共的興起，我們依然不敢相信：如果沒有「五四」，中國便不會產生共產主義，這樣看來，根據中共之興起來否定「五四」的歷史意義顯然也是一種錯誤。

但是換一個角度看，問題還是存在的。憎惡「五四」運動的人會反駁我們：「你說『五四』運動的反傳統風氣與共產主義的興起之間沒有必然關係，但在歷史過程上，這二者畢竟打成了一片。因此中共的勝利，中國文化之被毀滅，至少這種反傳統的風氣是不能辭其咎的。」要解答這一質問，我們就得對反傳統的意義之本身再加分析。不幸得很，「反傳統」在近代中國又是一個含義不清的名詞。「反傳統」至少會有兩種不同的形態；徹底而全面的反傳統和有保留的反傳統。而「五四」時代的反傳統，就我個人的瞭解，確是有保留、有限度的，並且還是以承認中國文化的存在價值為前提的。徹底而全面的推翻中國文化其實不是別人，乃是後來的中國共產黨。這一極重要的差別通常是被人們忽視了，它二者竟同在「反傳統」概念之下混成模糊的一片。當然，中共的全部否定中國文化是稍有良知的中國人所無法苟同的。但是有限度、有保留的再造中國文化又是不是有必要呢？這問題我們還得重新檢討一番。首先我們要問，什麼是文化。文化，撇開它的抽象意義或價值不談，乃是一群長期地共同生活在一起的人民，為了維持並改進他們的共同生存而發展出來的一切創造的總和。從這一方面看，文化也可以說是人們求生的一種手段。因之，如果某一文化不能滿足它的人民求生的基本要求，那麼這一文化本身便不能不有所改變。近代中國文化，至少在這種意義上，已到了非改變不可的境地。而中國文化之所以要改變則又不是它自身發展的自然歸趨，它的原因不是內在的而是外鑠的。換句話說，這是西方文化入侵的結果。在這樣情形之下，中國文化的改造便不僅是如何對內完成自身發展的問題，同時還必須是對外怎樣與整個世界文化——主要是西方文化——求配合的問題。在這種關聯上，中國文化的再造和西方文化的發展便無法分開了。但文化是具有保守性和排他性的，你要改造它，它會反抗；你要它接受外來東西，它會拒絕。而且，文化的傳統愈深厚，這種保守性與排他性就愈嚴厲。「五四」時代的反傳統運動，一方面固然是要清除中國長期歷史發展中所產生的罪惡渣滓，另一方面也正是要克服這種文化的保守性與排他性。在這樣的特殊限制下的反傳統運動，我實在看不出有什麼不對的地方。

這不是說「五四」運動一點錯誤也沒有，但「五四」運動的錯誤主要不在反傳統這一方面。「五四」的錯誤在那裡？簡單地說，是在於它未能建立起接受西方文化的正確態度，未能瞭解文化的再造不在形式而在精神，不在軀殼而在生命；並且它所提出的「全盤西化」的偏激口號也因過於損傷民族自尊心而無法為一般人所接受。「五四」運動為什麼有這樣的錯誤呢？最根本、最重要的原因是我們太忽略了對自己的瞭解。我在前面曾指出：中西文化接觸四百年來，我們對西方文化的認識愈來愈正確，而我們對於中西文化如何求配合一點卻愈陷入錯誤的深淵之中。追源溯始，這實在是由於不瞭解自己所致。在未接觸西方文化之前，中國有它自己數千年相傳的一套生活律則與行為規範；人們祇要熟悉於這些知識，在傳統處境中便可以應付裕如。但是鴉片戰爭以後，我們閉關自守的局面被打破了，西方文化侵入了我們的生活圈子，中國文化早已起了性質的變化；而我們對於這變化卻並不自覺，因之對於自己文化的認識也依然停留在舊日的階段。社會的處境已改，而我們應付處境的知識未變，這就難怪每個人都感覺矛盾，什麼事都對不起頭來了！由於不瞭解自己，所以一會兒自傲自大，以學習西方文化為恥辱；一會兒竟又自卑自賤，恨不能立刻變成白種民族。由於不瞭解自己，所以有人說近代中國是封建社會，有人說是資本主義社會，有人說是次殖民地社會，又有人說是半殖民地社會……聚訟紛紜，莫衷一是，而近代中國社會卻變成了一個不可瞭解的怪物！一個人喪失了獨立的人格自然會東歪西倒，不能自主；一個國家喪失了國格也同樣不會例外。這種錯誤雖不始於「五四」運動，但「五四運動」的極端疑古精神也確曾加深了這種錯誤。我們把「五四」運動配合到四百年中西文化接觸的整個歷史中去瞭解，我們顯然對於它的功罪有了比較客觀的認識：它一方面曾把中西文化的交流推到一個新的階段，另一方面卻也因加深了對中國文化本身的誤解而使中西文化的融和錯亂了步驟。我們重新檢討「五四」運動並不僅是對以往的憑弔，更重要的，我們要為中國文化的前途摸索出一條獨立發展的大道。我們深信，經過「中體西用」和「全盤西化」兩個極端的錯誤與試驗之後，我們已有信心可以展開中西文化接觸的最後的新階段——完成中西文化的真正有生命的融和！

二

關於紀念「五四」運動的文字，三十六年來不斷有人撰寫，如果我們可能把所有這些文字收集起來，恐怕已非「汗牛充棟」這類字眼所夠形容。可是儘管紀念文字的數量是如此的驚人，真正能發人深省，而有助於人們對此一運動的意義做更進一層的瞭解者，卻寥寥無幾，絕大多數的文字都流為應時性的官樣文章。因此，我們一方面固然嫌這類紀念文字太多，而另一方面則又深感它太少。我這篇短文之撰寫雖亦有其應時的動機，但是總希望能多少有點加深人們對「五四」意義之認識的作用。

「五四」運動的意義甚多，人們從任何角度上去觀察它，都可得到一種「意義」。因為它本是一個全面性的文化運動，而文化則是無所不包的。作為文化運動，過去很多人都把它與西方十四至十六世紀的文藝復興（Renaissance）相提並論，我個人一度也曾持此看法。當然，「五四」和文藝復興都同樣是文化運動，後者開啟了近代西方文明的門徑，而前者亦是中國人在長期摸索近代與世界化過程中的一個最重要的里程碑。但往深一層看，這兩大運動卻又是如此的不同，尤其是在根本精神上。文藝復興是一個人文主義的運動，而且上承古希臘時代的文學與藝術的自由活潑精神而來；故徹頭徹腦地是在西方文化發展的內在要求上產生的運動。「五四」運動則不然，它不是在人文主義精神的支配下展開的，而是一種極端個人主義的運動，更是一種徹底反傳統文化的運動。最後同時也是最重要的，它並非出於中國文化自身發展的迫切需要，而是對於近代西方文化的衝擊的強烈回應。文藝復興的人文主義雖亦涵攝了個人主義的原則，但此原則在整個人文精神的安排下卻未曾走上極端化的途徑。「五四」的個人主義上面則沒有任何更高的精神，其本身即是唯一的指導原則。我們之所以要指出中西這兩大文化運動的異處，並不含有貶抑某一方面的意思。我們祇是要說明：這兩大運動由於客觀環境與主觀願望的歧異，遂產生了極不相同的結果；文藝復興成就了近四、五百年來輝煌的西方近代文明；而「五四」精神的發展竟使中國人民陷入共產極權主義的統治之下。這種現實，消極方面激起我們無限沉重的反省心；積極方面，則益使我們感覺有重新估定「五四」的文化價值的必要。

「五四」運動的根本問題乃是如何除中國文化之「舊」，而取西方文化之

「新」。這裡便表現出「五四」的偉大意義之一：文化的自覺。中西文化的接觸最早可追溯至明代，但早期的接觸並未產生重要的文化後果，可以不論。西方文化直接對中國發生影響無疑應以一八四〇年的中英鴉片戰爭為開端。中國文化由於長期閉關自守的結果，已養成一種夜郎自大式的文化上唯我獨尊的觀念（cultural solipsism），以中國為世界文化之中心，環繞著中國以外的國家則都被看成「夷狄」，是野蠻的民族。自鴉片戰爭以後，中國一再為西方各國所戰敗，於是才開始逐漸追求對西方文化的瞭解，以及在西方文化對照之下做自我反省。這便是文化的自覺。這種自覺在「五四」以前雖已分散地與孤立地表現在某些智識分子的身上，但一般地說直到「五四」才正式形成整個民族文化的普遍覺醒。在「五四」以前，我們已有過太平天國、洋務、立憲，以至辛亥革命等一連串的社會政治運動；這些運動固然都有促進中國走向近代文化的重要作用，可是其中沒有一個運動曾經接觸到問題的核心，因而最多也祇能有表面的成就。就某種意義言之，「五四」運動在今天看來當然也可能有著很大的弊病，不過它把近代中國的問題歸結到文化的再造上，卻不能不說是一極大的進步，同時也的確搔到了痛癢處。在消極方面，「五四」的文化運動者要打倒「孔家店」與「吃人禮教」，並要以「科學方法整理國故」，要「重新估定一切價值」；在積極方面他們則追求西方近代文明的主要成果——科學與民主。前一方面是他們對中國文化經過一番自覺的瞭解所獲得的結論，後一方面是他們對西方文化加以客觀地體認後所做的選擇。姑無論我們是否同意「五四」運動所提出來的解決中國問題的具體答案，我們不得不承認他們能在根本文化問題上用心的巨大意義與崇高價值。

但是從客觀結果看，「五四」的理想的確都幻滅了，而且今天中國已完全走上反科學、反民主的極權道路。我們究該怎樣解釋這一歷史現象呢？我反對把中共的興起完全歸咎於新文化運動倡導者的身上。當時的客觀環境與近百年來的中國歷史實應負擔主要的責任。中共雖然承「五四」的潮流而起，然而新文化運動的倡導者如胡適之先生等，早在陳獨秀所領導的馬克思主義研究會產生時即已站在純正的自由主義者立場對馬克思主義加以迎擊。其後共產主義之形成一政治力量而逐漸發展為有武力的政黨，其責任更顯然不在「五四」運動，而必須由近數十年在政治上得勢的集團承擔。這幾十年的政治史猶歷歷在目，任何人都可以自思得之，用不著多說。這裡應該討論的乃是「五四」運動到底有什麼缺憾。籠統地說，「五四」的缺憾在於：它雖已摸索到中國問題的文化根源並表現了中國民族文化的覺醒，可是它對文化問題本身的認識卻並不深切，而且其中還夾雜著一片強烈的怨恨之情，阻礙了人們的正確視線！原因是自從鴉片戰爭以來中國便一直處在外有強敵內有國賊的交迫之下，「五四」運動的「內除國賊、外抗強權」的口號已足以說明這種怨恨之情之所自生。文化運動需要長時期客觀條件的培養與冷靜的理智的指導，而這兩點竟都是「五四」運動所缺乏的時代背景。因此，我們雖很難有確鑿的證據，但卻有充分的理由推測出這一個具體的結論：「五四」乃是一個早熟的文化運動，不但先天不足而且後天失調。

我們試再反觀西方的文藝復興運動。文藝復興乃是一個自然成長的文化運動，在它發生之前已有某種程度上的政治、經濟、社會的局部轉變，預為它的降臨舖路。並且它的運動是經歷了整整兩三個世紀之久，這才是文化運動的正常形態，不像「五四」運動最初是爆發在政治問題上的，而且也表現為政治運動的方式。我們可以說，文藝復興是在從容不迫狀態下穩步發展起來的，而「五四」則是在惶惶不可終日的處境中突然發生的。這種歷史背景與客觀環境的不同便在根本上決定了它二者在終極結果上的差異。有了這種基本瞭解之後，我們便可以進一步反省「五四」在文化運動上的缺點，並探索我們今後文化運動的方向。

抽象地說，作為一種文化運動，「五四」的根本毛病在於有「破」無「立」，或祇能「除舊」未能「更新」。這也是一個早熟的文化運動所無法避免之病症。從社會史的觀點看，近百年來的中國史，正與春秋戰國時代一樣，是一連串社會解體的過程。伴隨著社會解體而來的則是社會重建運動。因此，太平天國以來的歷次運動都含有正面與反面兩重涵義：一方面意味著舊社會的解體，另一方面意味著新社會的重建。可是由於我們在積極方面所具備的客觀與主觀條件都太不足，故每一次運動都是正面的成就極小而反面之表現甚大。換言之，建設少而破壞多。「五四」運動至少在這一點上也未能例外。文化運動所要做的正面建設工作便是如何建立一種完整的新精神，以代替已失去人們信仰的陳舊意理（ideology）。「五四」運動所提出「打倒孔家店」、「打倒舊禮教」都祇是破壞性的；而白話文的提倡則祇是文體的改良，根本不能滿足人們的全部精神要求。至於民主與科學，在當時仍祇是口號，沒有堅實的理論根據，更沒有一種更高的精神可以綜攝此二者如文藝復興時的人文主義那樣！胡適之先生所提倡的實驗主義也僅能算作思想工具，不足以代替中國舊意理所占據的重要地位。如果我們也可以在當時找到一種共同的精神的話，這精神祇能是極端的個人主義。當時的進步智識分子都特別要求個性解放、獨立精神，並反對一切權威。易卜生的娜拉遂成為時代的偶像人物。娜拉不願做丈夫的妻子，而要獨立地做一個社會女性，於是走出家庭。當時提倡個人主義者便援引娜拉為例以反對中國傳統的家庭主義，要年輕人不再做父母的兒女，一齊走進社會去！他們由於憎惡中國傳統不合理的倫常關係，竟至連帶及於仇視一切人與人的關係；在他們眼中衹有孤立的個人而沒有整體的社會。社會被分解為一個個的個人，這正說明了中國社會仍在解體階段未達於重建之境！這與文藝復興時在人文精神支配下的個人主義完全不同。

如果「五四」運動僅僅是有「破」無「立」，則仍可以在積極方面無大過。不幸這一原來是「除舊」的運動卻普遍地被人們當作「更新」的運動來接受的！而實際上它本身便缺乏一種完整的新精神；當時人所認為的「新」，據我們的分析則依然是破壞性的。民主與科學雖已比較上夠得上新精神的資格。可惜當時人都把它們當作一種口號而非真正的信仰，同時對於它們的哲學意義亦不甚了了。「五四」運動，一方面既徹底剷除了中國的舊傳統，又給予人們無限西方文化的新希望，而另一方面它在真正新文化社會的建立上竟空無所有。關於這一點，「五四」以後的中國學術思想界情形便是最好的例證；學術界從「整理國故」、「重估一切價值」逐漸萎縮到四分五裂的「小考據」之路——即梁任公所謂「狹而深」的研究路線。學術思想界既不能盡其指導社會的責任，而社會的精神需要又復與日俱增，此一「哲學的貧困」之空隙遂恰好為極權的共產主義所乘。「五四」運動於此，實亦無以辭其咎。

必須指出，我們這一對於「五四」的責難，與一般文化復古論者之憎恨「五四」實有其本質上的差異。因為我們已在基本上承認它所具有的文化運動的歷史意義的價值；我們的責難純是出乎「春秋責賢者」的求全責備之心。尤有進者，我們是站在繼承「五四」文化運動所應有精神而在更高的意義上加以推進的立場上來省察它的；因之，它的缺憾便正是我們今天的文化運動所當努力以赴的所在。相反地，如果我們祇知一味盲目地歌頌「五四」，表面上好像是文化進步的維護者，實際上卻恰恰是另一類型的復古主義者，並因而阻礙著中國文化的進步！

在西方文藝復興運動的對照下，對於「五四」的省察至少已啟示了我們今後文化運動的發展方向：我們雖仍然要追求民主與科學的實現，但是我們必須把這二者安放在新人文運動的一般基礎之上；因為民主與科學都祇有在真正地「尊重並提高人的價值」上才發生文化的意義。文化運動的成敗最後繫於它能否在自己文化中生根；因之，它發生的原因雖可以是外鑠的，它最終的成就卻必須是內在的。中國必須接受西方的文化，這一點已無可疑。同時中國必須站在完成自己文化的內在發展上接受西方文化，而絕不能也不應走上「全盤西化」的方向，這一點也已能獲得多數人的瞭解。從這兩個前提出發，我們的文化運動便必須朝著求致中西文化有生命的真實融合的方向邁進。在這一方面，中國傳統的人文精神在一定的程度上正是貫通中西文化的主要關鍵所在。最後，西方文藝復興之上承希臘羅馬的古典精神已指示出我們在文化再造的過程中也絕不能並且也不應該採取仇視一切文化傳統的錯誤態度。羅馬不是一天造成的，文化再造更不是在短時期內可以有成效的。撇開自己文化中的許多根本問題不管，一味向西方文化求乞萬靈藥，而妄想於一夜之間重建一個嶄新的文化（如全盤西化論者與共產主義者），正表示出我們解決文化問題在精神態度上的輕鬆、散漫與卑屈，在思想上的空虛、懶惰與缺乏創造力。由此可見我們的文化運動還不僅是在橫的方面求如何融解中西之衝突，在縱的方面更要求如何貫通古今之變。一言以蔽之，中國近百年來的歷次運動自太平天國至「五四」運動，以迄今日共產極權之建立，所表現的都是中國社會解體的過程，在文化上的意義都是反面的、消極的、破壞的，這種反面的工作已經做得太多了，因此我們今天的文化運動已絕不能也不應再停滯在消極的意義上，而祇有在積極的意義上求正面的表現——社會文化各方面之重建！能如此，我們的文化運動才真可以繼「五四」之「破」而有所「立」，才可以逐漸成就西方文藝復興所盛開的文化果實，（雖然在中國文化史上所占據的地位，「五四」至今的文化運動並不必同於文藝復興之於西方，而當在理念上涵蓋並超越文藝復興。）這是我們的文化運動之所以要稱為「新人文主義運動」的根本原因，也是我們今後紀念「五四」運動所當採取的唯一可能的方式！

一九五五年「五四」之晨

附錄二

我對中國問題的反省

上月初，我曾應《人生》編輯部之約寫了一篇「五四」運動再檢討的文字。這篇文字的撰寫事前頗使我躊躇，因為它要牽涉到很多近代中國學術思想界所不曾解決的重大問題。在寫作過程中，我腦海中雖然不斷地有新觀念湧現，但由於篇幅所限，也無法盡情發揮；尤其是在中西文化應如何求配合的方面，簡直等於沒有說什麼。這一漏洞遂使得我那篇文字成為一種純粹應時性的東西了。我原打算接著再寫一二篇文字，發揮我對於這一問題的正面意見，後來也因為事忙未暇動手。前幾天王貫之先生告訴我，台灣居浩然先生在給他的信上曾談到對我那篇文字的感想。大意是說：我雖反對中體西用的文化論，而我的看法卻仍和中體西用論距離很近；最後居先生慨然地說：中體西用論是沒有前途的！我絕對承認中體西用論毫無前途可言，但我的看法是否也是中體西用論的變相呢？這問題引起了我深切的反省。後來我和幾位比較傾向中國文化的朋友談到這個問題，他們卻說我的論點是一種比較緩和的「全盤西化論」。同樣一篇文章，激進的人嫌我太本位，保守的人又說我太西化。我真的陷入兩面不討好的尷尬局面中去了。首先我願意承認，我在寫那篇文章時，情感上確有著很濃厚的調和傾向——我希望中西文化這一長期而又無結果的爭論可以獲得根本的解決。然而和事佬的工作畢竟不容易做得好的。因之，我的文章所遭遇的左右夾攻也可以說是必然的。朋友們持以責難我的論據雖未必能使我心服，但如激發了我個人對此問題重新考慮的興趣。這樣，我始覺悟到，我們在根本態度上有改變的必要。因此在這篇論文裡，我依然不想對中西文化如何求配合一點從正面加以說明；我祇想談談我們究竟應該採取什麼態度，以及我們所以要改變態度的理由何在。

首先，我要說的便是：我們這幾十年來對於中西文化問題的爭論已經陷入了「文字障」之中。爭論的雙方對「文化」、「中國文化」、「西方文化」等等堂皇的名詞既都沒有清晰的概念，而同時卻各自殘守著一已的陣營，不肯細察對方的論點或分析敵我雙方的議論的實際內容。譬如全盤西化論者祇知一口咬定「西方文化」四個大字，要把中國變成一個百分之百的西化國家；他們似乎並不曾仔細想過：西方文化究竟代表著一些什麼東西，這些東西是怎樣產生的，這些東西如何才能夠移植到中國來，以及中國又是否可以全部接受這些東西？同樣地，本位文化論者也是死命地抱住「中國文化」這塊大招牌不放，以為祇要救得住「中國文化」的存在，中國才可以不亡，才可以重新站起來。至於中國文化的確切涵義如何，它為什麼弄得百病叢生，以及它怎樣才可以繼續存在下去種種問題，本位文化論者也不曾給我們以明白的答案。不但如此，雙方對於「文化」這一概念也缺乏一種共同承認的內涵作為討論的基礎。試想在這樣情形之下，我們怎能希望討論可以產生任何滿意的結果呢？尤其荒唐的是，在這種認識不夠、概念模糊的基礎上，有些人甚至更進一步地賦予中西文化以籠統而抽象的意義，然後再根據這種妄加的意義去衡定中西文化的價值。例如梁漱溟先生在其《東西文化及其哲學》中便把中、西、印三種文化歸納成下面三條公式：

西方文化是以意欲向前要求為根本精神的。
中國文化是以意欲自為調和持中為其根本精神的。
印度文化是以意欲反身向後要求為其根本精神的。

稍有科學頭腦的人都應該可以看出這是一種多麼危險的文化研究法！我自然不是否定一切文化的哲學意義，或每一特殊文化的特殊精神，但這種意義、這種精神畢竟不是純主觀的臆測可以獲致的；而且在客觀史實沒有弄清楚之前，這類「意義」或「精神」的應用尤其帶著絕大的危險性。極右的復古論者和極左的唯物史觀者所立下的榜樣，已很夠我們的警惕了。從這種不認真、不分析的態度中產生的模糊籠統的文化觀念遂使得中西文化之爭延續了幾十年之久而沒有顯著的進步，大多數智識分子也始終連一些最基本的文化觀念都還不曾建立起來。這種觀念上混亂的一部分現實結果便是若干缺乏真知灼見的智識分子把共產主義當作最新的西方文化來接受、來傳布，終至造成今天的悲慘局面。這樣，不僅歷來中西文化之爭的種種問題完全架了空，就是中國究竟怎樣維持它的生存的最起碼要求也還沒有著落；而中西文化之爭的本身卻仍然懸而未決！清談誤國好像並不曾在人們的心頭留下半點慘痛的傷痕，激起一絲懺悔的意念。這種恥辱比亡國滅種也不知要大多少倍！

我之所以說中西文化之爭已陷入了文字障，便正是因為人們祇知閉上眼睛在紙上談文化，而無視於它的活生生的內容。這種抱著空洞而混亂的文化觀念來談問題的態度使得爭論的雙方愈來愈趨極端：各人對於自己所持的見解形成了一種牢不可破的執著。我在〈五四運動的再檢討〉中曾說：「五四運動以前我們並不曾自覺地意識到中國與西方的問題已經成為文化的問題，那就是說我們祇知道要學西方的科學技術，而不瞭解中國文化的傳統形態需要全面而徹底地加以改造。五四以後我們至少已大大地邁進了一步。」[1] 但是由於我後來感到人們對「文化」一詞的瞭解太過模糊，因之，我認為甚至中國問題是一種文化問題的說法都需要重加考慮。不過

1　編按：該文刊於《人生》七卷十二期（一九五四年五月），頁三—四、六，即本書附錄一的第一部分。

應該說明：我並不是否認中國問題的文化性質；相反地，正是因為文化一詞的涵義太廣泛了，人們常常把一切問題都稱之為文化問題；結果任何具體的問題都被這頂大帽子遮住了它的廬山真面目，顯不出獨特意義來了。因此，如果不是經過很深刻的思考並時時懷著高度的自覺心，那麼任意地說中國問題是文化問題，便免不了有抹殺實際問題的絕大危險。這便是我個人對於中國問題的反省的始點。

然而近代中國確實發生了許許多多問題，這是客觀事實。這些問題能否很好地獲得解決，將會重大地影響到中國未來的命運。那麼這些問題究竟具有什麼性質呢？為了避免無謂的意氣之爭、文字之爭，我不願意再抬出文化的招牌；我覺得我們應該換一個新的角度來看問題。在未提出對中國問題的新態度之前，讓我們先檢討一下：過去的觀點究竟有沒有不充分、甚至錯誤的地方。首先，我們認為把近代中國的一切問題都歸之於文化問題的範疇之中基本上已犯了一個大毛病，那就是：祇知在人類已往的歷史、已有的成就中打算盤；這是一種向後看問題的態度。雖然人類文化的創造是日積月累的，現在與未來都離不開過去；但歷史對於人類畢竟是具有雙重意義的：它有其推動人類未來進步的部分，也有其阻礙文明發展的部分。並且即使是那具有進步意義的歷史也祇能是人類創造未來的必須條件，而不是充足條件。所以「文化」一詞並不能說明近代中國問題的全部性質。其次，基於上述的弊端，我們無形中又發展出一套機械的、僵死的文化觀，把中西文化都看成具有一定數量的東西。因之，在本位文化論者的心中，如果我們接受西方文化在比重上達到超過了自己文化的程度因而形成喧賓奪主的局面時，中國文化就難免要毀滅了。同樣地，全盤西化論者認為中國除非不西化，如果要西化的話，那就得西化到百分之百的程度，所以全盤西化論者最後竟至討論到飲食、禮節是否也要全盤西化的問題上去了。（如「見女人脫帽子，見男人是否也應脫帽子」之類。）這些觀念分析到最後，都顯然是由於機械的僵死的文化觀在作祟的緣故。而同時，過去一切企圖調和中西文化的人也都未能跳出這一錯誤觀念的影響：「中立者」以為五十分西化、五十分中國文化是合理的解決辦法；偏向西方者以為西方文化應占百分之六十以上的成分；偏向中國者則以為中國文化至少也得保留一大半。總之他們的思想冥冥中都在受著數量觀念的支配。此外，中體西用論者又把文化看作沒有生命的東西，以為文化本身，可以隨便拆散、隨便配搭。綜合上面的分析，我們實無法不承認這些觀念都多少具有機械的、僵死的性質。最後，從上述第二種錯誤中復引申出另一幼稚見解，即把中西文化的配合當作可以由我們事先完全計劃好的事體。文化的本身已經很不簡單了，而文化的交流與融合則尤為複雜。一般地說，文化問題的發生，必然是先於人們對它的注意。中西文化的問題自然也無從例外。早在我們還沒有討論中西文化如何求配合之前，這二者事實上已經在不斷的接觸中逐漸地融化了。但是由於這種客觀事實並不能滿足我們的主觀需要，於是我們便要加上一種人工的力量去促使中西文化的配合向我們所希望的方向發展。所以，認真說來這問題乃是有著主觀與客觀兩方面的：一方面，我們固然應該信賴我們自己的創造力，相信我們可以開創歷史、再造文明；然而另一方面，我們也不能不承認客觀的事實多少會成為我們理想的一重限制。因之，當我們在討論、探究中西文化怎樣求配合的時候，這兩者依然是在循著一定的客觀軌跡作自我的匯通。這正如兩條大河的合流一樣，也許我們覺得合流以後的水道不適於農田的灌溉，甚至還損害著農作物的生長，因而要用人力去開一條新的水道。但在我們開河計劃沒有決定，以致還不能動手以前，河水是絕不會停止在合流的地方等待我們的。

對於過去的文化觀點做了初步的批評之後，接著我們就應該正面提出我們所要建立的新態度來了。第一步，我想從消極方面說明我們所以要改變態度的理由。我們認為，我們現在對中西文化問題的認識實已比過去的人深刻得多，讀者當可以從上面三點批判中看出來。因此我們所要建立的新態度，基本上是揚棄了過去的種種觀念。過去討論中西文化問題的人大體上可以分為三派：極端本位派、全盤西化派和調和折衷派。我們和這三派究竟有些什麼不同呢？這是我們必須說明的。我們不能同意本位文化論的理由很簡單：中國傳統文化到了近代事實上已絕對不能應付中國人的客觀需要；換句話說，它已不足維持我們的生存與幸福。過去的中國人，在閉關自守的處境中，至少還可以憑著「克己」、「知足」等觀念在匱乏社會裡謀取最低限度的生活；而自海禁大開以後，這一點可憐的辦法也竟徹底的破產了：傳統文化中已很難找出可以抗拒帝國主義侵略的因素。自清末的洋務運動起的歷次改革與革命都給我們指出了這一點。所以極端本位文化論的破產最早；張之洞所提出的「中學為體，西學為用」的口號儘管在基本態度上和極端本位派一致，但至少在表面上已承認了中國文化之不足。到了今天已經沒有任何中國人敢保持這種頑固的態度了。我們反對全盤西化論的理由也是直截了當的：如果我們承認文化是長期地共同生活在一起的人們，為了維持並改進他們的共同生存，所發展出來的創造的積累，那麼它顯然便不可能一夜之間被完全推翻而代之以另一種文化。所以連很傾慕西方文化的胡適之先生也不能不承認：「中國的舊文化的惰性實在大的可怕，我們正可以不必替『中國本位』擔憂。我們肯往前看的人們，應該虛心接受這個科學工藝的世界文化和它背後的精神文明，讓那個世界文化充分和我們的老文化自由接觸，自由切磋琢磨，借它的朝氣銳氣來打掉一點我們的老文化的惰性和暮氣。將來文化大變動的結晶品當然是一個中國本位的文化，那是毫無可疑的。如果我們的老文化裡真有無價之寶，禁得起外來勢力的洗滌衝擊的，那一部分不可磨滅的文化將來自然會因這一番科學的淘洗而格外發輝光大的。」（〈試評所謂「中國本位的文化建設」〉）由此可見稍為瞭解文化本質的人是不會把中西文化的融合看作一成不變的死問題的。因此，全盤西化論也沒有能存在多久就被人放棄了。現在仍然持著這種幼稚見解的祇有共產黨人，他們的前途如何呢？我想時間會給予我們答案的。這些最基本的，同時也是任何有理性的人所必須承認的常識，使得我們無法相信極端本位派和全盤西化派的文化論會有絲毫前途可言。

但是我們否定上述這兩派的理論是輕而易舉之事；因為現在絕大多數中國智識分子都已有了這種瞭解。我們的最大困難是這於使人們更進一步認清我們的觀點和折衷派的根本差異所在。儘管人們消極方面都知道極端本位與全盤西化都是行不通的死路，但當我們在這兩者之外提出一個新的見解時，人們最初由於舊觀念的作祟卻往往會以「無原則的調和論」目之。這一成見如果不能打破，勢必嚴重地阻礙著我們通向真理之路。在這裡，還是讓我們從檢討調和折衷派的錯誤來開始討論吧！調和派的最大錯誤還是在於我們前面所說的機械的、僵死的文化觀點；在這種觀點的籠罩之下，人們的視線自然祇能局限於空洞的文字之中，而看不到實際問題的解決之道了。他們既不懂得社會的整體性，又不明白文化的複雜性與生命性（它是活在人們日常的生活方式之中的）；而復妄想將中西文化做任意的加減，真是愚昧無知之至。復次，調和派對於解決中西文化衝突的態度是從純情感上的和解觀點出發的；他們直覺地感到這種衝突是要不得的，應該加以制止。於是他們便主觀地、片面地主張將西方文化的某些部分（如科學、民主政治等）和中國文化中的某些部分（倫理制度、仁愛思想等）加在一起，湊成一個「中西合璧的新文化」。（調和派之中也有各種分歧；一般地說，偏重中國文化的多是中體西用論者，偏重西方文化的則成了程度不同的不徹底的西化論者。）他們根本不瞭解，這不祇是一個主觀上「應當」如何的問題，同時還是一個客觀上「必須」如何的問題。

我們所持以認識文化問題的觀點便恰恰和以上三派相反：第一、我們認為文化是有生命的不可分的整體；因此文化的變動勢必牽一髮而動全身。當兩種文化發生接觸之後，如果其中某一方面因受到刺激而需要改變時，那麼它的改變一定會是全面性的，深入每一個細胞的。這可以說是一種化學變化，其結果乃是「化合」而非「混合」。文化所受到的刺激愈大，也就是吸收新的成分愈多，則其變化也愈顯著、愈基本。（注意：刺激可包括內在的與外在的兩種，同時某一文化與另一文化相接觸，是否會構成刺激須看此兩種文化的性質、程度，以及接觸的方式等而定。）第二、文化的內容是極其繁複的，它的變動雖然通體相關，但這種變動卻不是沒有重心以致令人無從捉摸的；換句話說，它在特定時間與空間中是表現為某些突出的問題的。因此我們不願意同時也可不能僅僅憑著一個空洞的理論來解決這些具體的問題。當然我們也需要一種綜合性的原則以為解決個別問題的最後根據，但更重要的還是在於把握問題的重心，並進而對具體的問題及其解決之道做精密的分析與研究。第三、我們深知文化是不斷發展的，並且它的發展在一定的程度內是能夠為人的主觀努力所支配的。因此，文化的再造便不能完全以已往的歷史為依歸；歷史祇是一種基礎，我們仍可以在此基礎之上自由選擇我們認為最合理的發展路向。基於這一瞭解，我們對於中西文化的某些衝突，無論其為本質上的或表面上的，都不必再懷著過多的憂慮。因為一切衝突，在長期歷史過程中，都有消解的可能；兩種文化在過去與現在的衝突或矛盾不能證明它們在將來的關係究竟如何。第四、我們認定文化是人類為了自己的生存與幸福而創造出來的成果，因之從它與人的關係上看，人才是目的，文化乃是手段；不是人為文化服務，而是文化為人服務。文化的內容是隨時隨地，環繞著人的生存與幸福這一中心而變動著的。應該指出：這裡所說的「人」並不是指著孤立的個人而言的；它實涵攝著三個方面：一是人對於自己的關係，包括人應當如何發展自己才能和謀取自己的幸福等問題；一是人對於同時代的其他人的關係，即是人如何求致群與己的協調的問題；一是人對於過去和未來的人的問題，也就是張橫渠所謂「為往聖繼絕學，為萬世開太平」的繼往開來的問題。必須同時對這三方面都能有合理的照顧的「人」才能創造文化，也祇有這種意義上的「人」才是文化服務的對象，是一切目的之最終極的目的。這種對於文化與人的關係的理解使得我們無法執著於抽象的文化招牌；我們絕不承認離開了人的「文化」還有任何價值與意義。如果我們說：「我們要保衛某種文化」或「為了某種文化的存續，我們應該犧牲自己的生命」，那麼這種文化便必然是為上述的「人」所需要的文化。這一文化取捨的標準是過去討論文化問題的人們一向所忽視了的；而此種忽視則是中西文化之爭所以毫無結果的最根本原因之一。

我想這幾個最基本的觀點應該可以說明我們和過去各派——尤其是調和折衷派——的根本差異之所在了；同時也可以使人們瞭解我們所謂「中西文化的真正有生命的融和」究竟有什麼根據了！基於這些認識，我們不妨在積極方面提出我們對中國問題的新的態度：我們的根本態度乃在於如何求致目前中國種種問題的解決，和未來的新中國的建立，而不是過去既存的中西文化怎樣獲得調和。我們相信祇要前面兩重問題解決了，那麼後一問題便自然沒有存在的餘地。這是一種向前看問題的態度。這種態度可以在無形中消弭中西文化之爭，而這兩大文化也將會在實踐中獲得根本的融和。關於未來的新中國究當具有一些什麼具體內容，這問題太大了。我暫不願在這裡表示意見。這裡我祇願提出個人從這些問題中所瞭解的一般原則來加以說明。根據前面所提出的態度，我們所看到的中國問題乃是一個「全面的社會重建」的問題。我們覺得用「社會重建」來代替「文化再造」至少可以避免一些無謂的意氣之爭。如果我們說中國舊文化已死了，那是稍有民族自尊心的人所不能忍受的；並且文化也的確用不上「死亡」、「崩潰」之類的字樣。（有一位美國人Nathaniel Peffer便寫過一本書，名為《中國文化之崩潰》〔*China: the Collapse of a Civilization*〕）因為與文化相對待的乃是野蠻，因此說文化死了其反面的意義便等於說人類回到了野蠻境地，這是說不通的。我雖承認「文化有生命」之說，但此「生命」二字不應解釋為與個人自然生命相同的意義；它意味著一群共同生活的人的生活方式的延續，如果這一群人沒有完全被自然災害所摧毀，而依然是代代相傳的，則其文化總是有生命的，是不會死亡的。假使我們說人類史上曾有過文化死亡的事實，那麼這種文化一定還脫離野蠻階段不久，還不曾完全長成（not fully developed）。即使如此，這種文化本身雖失去了直接的延續，它的影響卻依然留在人間。例如古埃及文化儘管中斷了，歷史家還是承認它對後來歐洲文化的影響。從反面看情形也是一樣：人人都知道希臘文化是近代西方文化之祖，但今天的希臘及其人民卻並不曾保住祖宗的輝煌的文化成果而加以發揚光大，因此我們現在要看希臘文化的生命絕不能再在希臘本身去尋找，而得向歐洲其他進步的國家以至美洲去探求了。由此可知，文化生命是可以超越時間和空間的限制的。明乎此，我們便不用著過於為中國文化擔憂了：中國文化已經發展得如此成熟，存在得如此長遠，除非整個地球毀滅了，否則中國文化是不可能死亡的。消除了這一層憂慮之後，我們應該可以大膽地接受一些外國文化的精華，使我們這古老的文化獲得新的血液，增添新生的力量。

我這種說法其實已含有很濃厚的「文化再造」的意味；雖然就我個人的瞭解說「文化再造」一詞並不是絕對不能說的。為了避免使問題複雜化，我們還是檢討一下「社會重建」的涵義吧！社會重建是與社會解體相對待的名詞。西方文化已延續了兩千年之久未嘗中斷，但西方社會在這兩千餘年間卻有過數度的解體。這是中外歷史家所一致承認的事。不但西方如此，中國歷史上也有過社會解體的事實；春秋戰國時代便是最顯著的例證。社會解體驟聽似乎很可怕，其實卻並不是死症；相反地，舊社會解體之後總是繼之以新社會的重建。誠然，在社會解體的時代，表面上一切都像沒有標準似的，社會呈現著混亂的狀態，人們的心靈也是四分五裂的。不過這究竟祇是表面，骨子裡卻有著一股歷史的潛流驅使社會從舊秩序走向新秩序。中國近百年來的歷史便正是一連串舊社會解體的歷程；這一歷程直到現在還沒有終結。它究竟還要經過多長的時間，現在也還無從預言。遠稽歷史，一個比較徹底的社會解體與重建前後總不免要跨越兩、三百年之久。如果我們承認近代中國的變亂的性質確是一種社會解體，那麼我們說目前中國的問題乃是「全面社會重建的問題」便應該可以獲得普遍的接受了。社會重建自然沒有涵攝著與文化無關的意思；事實上中國舊社會之解體主要乃是西方文化入侵的結果。而中國文化到了近代也的確顯得毛病百出。這些都可以說明社會重建同時也還是文化問題。不過「文化問題」之說太抽象、太空洞了，遠不如社會重建來得具體而實際；同時它更清晰地指出：我們對於解決中國問題的態度是向前看的，我們的問題不僅是如何繼往，更重要的還是如何開來。

我們既把中國問題具體地規定為「社會重建」，那麼這一新社會的重建還有沒有什麼標準呢？我個人深思熟慮的結果，覺得下面兩項原則是必須具備的：那便是「世界化」與「現代化」。這兩項原則過去也曾有人分別提出過，但其涵義卻和我們的瞭解頗不相同。而且這兩個名詞本身也是很空洞的，我們更不能不加以嚴格的界說。首先我要說明，這兩項標準祇是外在的標準，而非僅有的標準；然而在今天，這種外在標準如果不能牢牢地守住，中國社會的重建是絕不可能有實際成就的。「世界化」是就空間而言的；我們之所以把它當作社會重建的一種標準，乃是從我們的文化觀推衍出來的結論。我們認為文化是人們生活的累積，每一文化雖受地理、氣候，以及民族性格等等不同的影響而形成獨特的樣式，但在大本大源處卻都是一樣的。因此一切文化之間的「異」，祇是「小異」，它們之間的「同」則是「大同」。這種看法並非作者所杜撰，實已獲得大多數文化史家的認可了。在世界日益縮小的今天，一切文化之間的歧異，更是一天一天地在消失中，它們之間的相同處卻與日俱增。這樣，不但一切輝煌的物質文明、一切良好的社會制度都可以具有世界性，就是文學、藝術、宗教等高度的精神文化也能夠衝破國家民族的樊籬了。由於這種事實，我們在重建一個新社會的時候便無法不考慮到如何與世界文化求配合的問題。尤有進者，我們所謂的「世界化」並不僅僅止於這些已有的文化成果，它同時還包括著全世界絕大多數人民的共同要求在內。在這種情形下，世界化便不是、也不可能是完全採取西方的文化，我們自己的好東西也同樣有保存與發展的價值。不但已有的世界文化的成績都可以供我們的選擇，一切他人尚未能實現的美好理想我們也有試驗的權利；這便是所謂「迎頭趕上」，不是永遠跟著別人走。孫中山先生早在中國還沒有資本主義的時候就提出「節制資本」的主張，希望畢政治革命與社會革命之功於一役，便是這個道理。「現代化」是就時間而言的。我說中國社會必須加以現代化，意思並不是像共產黨人一樣，誣蔑中國尚停留在中古的封建時代。本來上古、中古、近代、現代等等歷史階段，祇是史家為便於記載而劃分出來的，並非一成不變的定律；因之，每一文化就其本身說都有它的「現代」。但在幾個文化比較之下，其中必然會有某一文化在某些方面走得快些，而另外若干文化則顯得落後的情形。因此從整個世界史的趨勢上著眼，我們也可以找出一個共同的現代階段；不過這種現代階段並不必然得以某一特殊文化為標準罷了。近百來的中國與西方各國比較起來，至少在科學、經濟、政治諸方面是落後了，因而全面地看（因社會是一整體），中國的確已落在時代的後面。這種事實我想很少人能予以否認。這種所謂「現代化」，正如「世界化」的觀念一樣，當然也不能看得太死；它的意義不應解釋為「到現在為止」，而含有最進步的歷史潮流之義。但是歷史的潮流乃是人的主觀努力所能夠推進的，因之，如果我們看到整個世界將有一個新的時代到來，而其他國家由於歷史或其他的原因一時尚不能開啟迎接新時代之門，那麼我們卻正可以藉此全面社會重建的機緣使中國成為新時代的開創者。這點道理很明顯，也不須多說。

從上面的分析中可以看出：我們所謂「現代化」與「世界化」是可以和《易經》上所說的「湯武革命，順乎天而應乎人」的意義相通的：推進歷史的潮流不就是「順乎天」嗎？適合人民的普遍要求不就是「應乎人」嗎？孫中山曾拿這句話作革命兩字的註腳，而革命的最積極、最正確的意義則正是「全面的社會重建」（參看拙著《民主革命論》，自由出版社印行）。經過這一番解剖之後，我們覺得以

「世界化」與「現代化」為中國社會重建的兩大標準，大體上是可以成立的。

對於中國問題的反省，從中西文化問題談起，通過許多曲折的思維，我們終於達到了「中國問題乃是全面的社會重建的問題」這一結論。這結論是否有效呢？這在我個人完全是一種改變態度的初步嘗試，因此我不願意做正面的答覆。這裡我必須指出的是：我之所以要換一個新的角度來看問題，主要是想對「中西文化的真正有生命的融和」這一命題有所交代。現在我可以談談其中的關聯了。我已說過，過去中西文化問題所以爭辯不出結論來，是由於我們受了機械而僵死的文化觀的支配所致。我們沒有一個中心原則以為衡量價值與決定取捨的客觀標準，衹知一味地執著於文字上的聚訟，中西文化如何取得有效配合的問題自然是無從找到答案的了。本文的根本企圖便在於尋出這一中心原則。本來中西文化的衝突之發生是因為中國文化本身有了病症，不再能適應中國人民的生存需要；而人們對中西文化的爭論在動機上也多是因為想使中國文化獲得新生——最後的目的當然是想讓中國人民獲得更幸福的生活。但不幸久而久之人們竟忘記了那最後的目的，而把中西文化問題的本身當作爭論的終極的意義。這樣一來，問題就越談越遠了。現在我們提出了「社會重建」的具體答案，因為我們深感社會解體是使得近代中國人陷溺在苦難的泥淖中的根本原因。因此我們便必須努力去再建新的中國社會。至少我個人相信：在「世界化」與「現代化」兩大原則支配下的中國社會重建，一方面既可以消弭中西文化的衝突，另一方面還可以使中西文化在實踐中日趨融和。環繞著這一中心原則，我們便不必再管什麼是中國的，什麼是西方的，我們祇須問什麼是中國社會重建所需要的。合乎這種需要的東西，我們不因它是外國的便拒絕接受；不合乎這種需要的東西，我們也不因為它是中國的便加以保留。這種態度一面揚棄了本位派、西化派、折衷派的一切弊端，一面卻又綜合了以往各派討論中西文化問題者的所有優點。這才真是黑格爾辯證法中所說的「合」哩！

本文因為偏重在如何改變對中國問題的態度的討論，關於中國社會重建的具體內容方面則祇好仍付之闕如。而且本文的篇幅也已不允許我多所論列。不過我想新中國的藍圖絕不應該是一兩個人筆下所能描繪得出的；這需要所有關心中國前途的人共同努力以赴。因之，作者祇希望本文能成為一塊引玉之磚，藉以激起明智之士的討論與興趣而已！

附錄三

中國社會重建的一點檢討

中國社會重建運動目前處在相當沉寂的局面之中；這種沉寂會使得一部分人高興，當然也會引起一部分人的憂慮。我個人過去很少寫過關於現實問題的文字，但在今天這種情形之下，我倒反而感到有點不能已於言了。即使如此，我所要說的還是和現實問題有著很遠的一段距離。在這篇短論中，我想分析一下，目前這種消沉局面是怎樣造成的？它在中國社會重建運動的歷史上具有什麼意義？最後我願意略略談談我們自己在現階段所當採取的態度。

這一運動從高潮落到低潮，正如其他歷史事件一樣，自有其主觀的與客觀的兩方面原因；主觀的原因是從事運動的人們本身具有嚴重的毛病；客觀的原因則是這一運動所處的空間與時間不利於運動的發展。本乎君子責己之義，我們且先分析一下主觀的原因。社會重建運動的現階段，從其所標榜的民主、自由等口號來看，乃是一種濃厚的革命理想主義的運動。從歷史上看，凡是帶著革命理想主義色彩的運動，其成敗的最主要的關鍵端在從事運動的人們對其理想的瞭解是否深切以及為理想而奮鬥的熱忱是否真摯。如果沒有瞭解或瞭解甚淺並因而缺乏實踐的決心，那麼無論其所標榜的理想如何崇高、如何動人，這種運動都很難逃出失敗的命運，即使能憑著理想的號召力而獲得表面的暫時成功，最後也終不免變質的。歷史的例證極多，我們也不勝枚舉。這裡我們要嚴肅而痛心地指出：目前中國社會重建運動之消沉正可以作為說明上述的一般原因的例證。

當然從某一種意義上說，人同時也受環境的影響；因之獻身於運動的人們之所以未能有很好的成就也自然有歷史社會的背景。我們不能不略加剖視以徹底認清問題的本質。近百年來的中國處在一個空前未有的大轉變的階段；我們固有的文化在西方文化的衝激下發生了根本的變化，因而無法應付新的處境；而舊的社會形態也在一步步地解體過程中，處在這樣特殊時代的中國人無疑地是非常傍徨無主的；因為一方面一切舊的規範、倫理都已失去了應驗，而新的標準則還不曾建立起來。一句話，近百年來的中國人一直是在摸索新的道路的。這種摸索先天地便含有極大的困難的阻礙。中國人一向是講求「法祖」、是尊重「傳統」的、是倚賴「經驗」的，可是偏偏現在走到了「祖宗不足法」的境地來了。已往的歷史、舊有知識，儘管還是我們重建中國社會時所必須參考的，但已不能構成全面社會重建的充足條件了。在這種情形之下，我們才被迫著開始了一連串向西方文化學習的運動。一切創造原都是在「試驗與錯誤」（trial and error）中完成的，近代中國社會的再造自亦無以逃開「試驗與錯誤」的公例。這一百多年來的歷次革新運動，無論其成敗如何，都是這種「試驗與錯誤」的結果。其間曾有過藉西方宗教信仰而發動號召的運動如太平天國革命；有過以中國傳統的「托古改制」為中心的運動，如康梁變法；有過融匯中西思想的政治革新運動如辛亥革命；有過一心一意接受西方文化的運動如「五四」；更有過不少大小野心家偷天換日地領導著中國走向極權化的運動。這許許多多的歷史現象儘管五色繽紛、眩人耳目，但最根本的原因卻仍然祇有一個——中國新社會的重建還沒有走上正確途徑。我們自然也不能一口否定近百年來千百萬仁人志士努力的功績；儘管每一次運動都多少含有錯誤的成分，並因而產生了種種程度不同的惡劣後果，可是一個最基本、最中心的方向已經給我們找到了。那便是在整個社會結構上我們必須走向現代化的民主之路。這已是全國人民（野心家與獨裁者除外）所一致堅信不移的信念。至於中國的民主究竟將採取怎樣一種特殊的民族形式，這問題我們可以暫置而不論。總而言之，無論它的形式怎樣特殊，也不能特殊到違背西方民主國家所已示範的一般民主精神的程度。

但我們的方向雖早已確定，至於如何使全中國人民都能自覺地朝著同一方向邁進卻依然是問題的根本癥結所在，在這裡社會處境與主觀因素發生了密切的關聯；新社會的重建首先就需要有一群人作為運動的中堅分子，而中國社會自隋唐以來，門第勢力消滅之後，便已成了一盤散沙的平鋪局面，沒有任何足以領導全國人民的社會重心。西方民主社會之形成是有其獨特的歷史社會背景；自希臘羅馬時代的貴政階級、中古封建主與教會、近代的工商業家（中產階級），以至最近的工人階級（包括勞心與勞力兩種），其社會重心始終沒有中斷。社會的面貌儘管千變萬化，社會的組織力量一直不曾消失。中國過去的社會重心主要在「受命於天」的王權，部分地在於官僚、地主、士紳三位一體的輔治集團。辛亥革命後王權基本上不存在了，軍閥雖是王權的變種，可是已失去了社會基礎，不能成為新社會重建的號召者。北伐以後種種政治勢力也都是一些中西文化渣滓的交雜物；它們既沒有真正的文化傳統（無論中國的或西方的）作支持，也缺乏大多數人民的衷心擁戴，因此無論這種「勢力」在某一時間內發展得如何蓬勃、壯大，其最終的悲劇命運是絕對逃避不了的。本來就中國的現實說，工商業不發達，農民智識程度太低，似乎祇有智識分子才能擔負起領導社會重建的大任。然而不幸，中國智識分子在長期的王權壓制下，多已喪失了獨立自主的精神，祇能幫助別人去打天下，自己不敢以身試法。《水滸傳》上阮小五和阮小七說：「這腔熱血祇要賣與識貨的。」正是智識分子的寫照，所謂「學成文武藝，貨與帝王家」是也。

智識分子不能成為社會重心可以說是中國社會重建的重大困難之一。而這局面一直延續到今天沒有絲毫改善。但是我必須說明：我之所以強調智識分子在中國社會重建運動中的重要性，並不是因為我個人是智識分子，因而才自抬身價。我是基於下列三種考慮：第一、西方社會上所以常有階級鬥爭的情形乃是由於它的社會重心常在某一經濟的階級；領導分子與社會本身的利害關係過於密切，無論此社會組織如何完善，總難免造成階級的對立，因之社會也常處在動盪不安之中。而智識分子則比較上能超越經濟利害，不致因為某種特殊利益與其他社會階層發生嚴重的衝突。同時，在現代普遍教育推行之下，智識分子數量逐漸增加，他們本身亦來自各不同的經濟階級，故亦比較有包含性。尤有甚者，智識分子愈發展、愈增多，則此社會的民主成分亦愈加濃，不像某一特定階級有發展上的必然限制。第二、過去的人類社會都是根據利害關係組成的，是牽就現實的，故缺乏理想性。今後的人類社會不能永遠是如此，它必須是有一種高度的理想主義精神，以為整個社會的指導。這種理想主義的精神則是與知識分不開的。如果智識分子可以成為社會重心，則此種精神的保持顯然比較容易。反之，某一特定的經濟階級卻常不免因為利害關係而喪失此種理想主義的精神。領導社會的分子一旦為私利而損害最大多數人民的最大福利時，社會即不免要趨向解體了。第三、就中國歷史文化背景說，智識分子成為社會重心的可能性較其他階層為大。因為儘管過去王權是高高在上的，但在一般社會上，智識分子卻依然是「四民之首」，一向為多數人所尊敬。這一歷史傳統直到如今都未打破。而其他階層則缺乏這種極端有利的條件，一時尚不易建立起領導社會的地位。

以上三點是我個人對於解決中國社會重建的問題的基本而又具體的意見。至於與這一問題有關的種種其他問題，因不在本文討論範圍之列，暫可勿論。這裡我願意進而指出的是：中國社會重建運動之陷入目前這種消沉的局面，實和此一歷史背景有著不可分割的關係。今天在海外從事運動的人顯然仍是以智識分子為主體的；而這些智識分子之中真正認清此一運動在中國近代史上之地位者，實在寥寥無幾。高唱民主自由的口號的人雖然很多，真能牢牢地把握著此種理想主義之精神者，則百不得一。並且，智識分子因人成事的附庸習氣仍未能改除，不能堅持自己的信念，祇有當客觀環境有利時才肯出頭，一旦時移勢遷、面臨困難之際，又不禁動搖起來，腳跟兀自把捉不定。此一運動之忽爾蓬蓬勃勃，忽爾而趨於消沉者，這是一個基本的主觀原因。

當然我們也不能祇從主觀原因的角度去理解此一運動的起伏，其中也還有著在人力控制之外的客觀因素。從客觀方面觀察，此一運動的處境較之近代中國任何一次運動都遠為艱苦。它基本上是處在一種極端不利的境地之中，因之它便先天地帶有許多不易克服的困難。今天的中國完全落在組織嚴密的極權政權統治之下，我們已沒有自己的空間，以自由發展。過去任何一次革命運動，無論如何危險、困難，總可以在自己國土內進行；而我們現在卻被迫羈留在外國殖民地上，手腳絲毫不得施展。過去的仁人志士即使不成功也還可以有無數好機會去成仁，我們今天則已連適當的成仁的機會都不容易找到。這在心理上已使得一切從事運動的人都感到深切的悲劇意味！在這種情形之下，要人們能堅持自己的信念，勇往直前絕不退後，自然也是加倍的困難了！

我們略一檢討這種種主觀與客觀的阻礙，便不難發現我們今天在海外推展社會重建運動確是一種最艱鉅的歷史行程。那麼，在這樣情況之下，此一運動是否已注定了沒有前途呢？我個人卻不這樣想。因為經過近百餘年的磨鍊，今天的智識分子有的已深切地領悟到革命理想主義精神的重要性，已經有人可以真誠地為革命理想而奮鬥了——儘管人數依然很少。這種有利的主觀條件是在一天一天的增長之中，等到這些條件在數量上發展到一定的程度時，它便可以克服客觀環境的種種阻礙，並進而主動地創造有利的新情境。主觀條件可以改變客觀條件，乃是人類文明得以不斷進步的基本依據。如果我們不相信人力可以改造社會，那麼我們等於承認自己是祇能被動地受制於環境的下等動物。從人類已往的歷史觀察，這種被動論是無法成立的。我曾說過：「決定彼此勝敗的最根本力量最後還是主觀努力。但敵人的努力是有限度的，而我們的努力則永無止境。」我個人對於現階段這種消沉的局面所以仍感樂觀者，其原因實即在此。我們今天的耕耘也許會終生不能有收穫，但中國社會重建運動本身遲早必然有成功的一天。

上面我們祇說到主觀條件可能改變客觀環境，對於客觀條件的可能變化則未嘗加以檢討。客觀環境是不是已經悲觀到不可救藥的地步了呢？其實也未必如此。如果把今日之現狀完全孤立起來，不把它配合到整個歷史長流中去看，那麼它的確是非常黑暗的。然而從全部中國近代史上看，它實在祇是許許多多社會重建運動的波濤中的一個低潮階段而已。歷史原是曲線發展的，黎明的前夕總是高度的黑暗。像今天這樣的革命低潮在近代中國已不止發生過一次，我們略一回溯歷史便可瞭然。社會的變遷、文明的發展，也的確有些人力控制以外的地方；「山窮水盡疑無路，柳暗花明又一村」，這是歷史上常有的現象。如果據往可以推來，則中國在這一度大黑暗之後一定很快地會重見光明。特別當我們往前看的時候，我們更覺得很樂觀，覺得充滿著希望。低潮過後不就該是高潮的到來了嗎？因此，根據整個近代史的歷程衡量現階段，我們深覺在無希望之中仍埋藏著無窮的希望，黑暗之中仍盪漾著幾許火星。

湯因比研究人類文明的結果，曾提出一項「退而後進」（withdrawal and return）的原則。這項原則不僅適用於社會運動，同時也適用於個人。湯氏說道：「我們已看見他們（按：指社會創造者）最初跨出行動而進入狂熱，然後又跨出狂熱而重歸於一個新的高度平靜。我們運用這種語句是在以個人的心理經驗來描寫創造的運動。我們並將用個人與他所屬的社會關係的名詞來描繪運動的同樣的雙重性，我們不妨稱之為『退而後進』。『退』可以使人瞭解仍然蘊藏在他的內部的力量，如果當時還沒有從社會的痛苦與束縛中解放出來的話。這種『退』可以是他自己的自願行動，也可以是在他控制之外的環境強迫他的結果；無論是屬於那一類，『退』總是一個機會，或者還是『隱者遁化』（anchorite’s transfiguration）的必需條件。……但孤獨的遁化是沒有目的的，甚至也毫無意義，除非它是重來的前奏，即遁化者重新進入他所來自的社會環境……。『重來』才是全部運動精華的所在，也是它的最終原因。」

湯氏的話正可以解釋我們在現階段所處的地位：從整個中國社會重建運動的歷程上看，目前我們是處在「退」的階段。今天的運動乃是一連串中國社會重建運動的最後綜合（synthesis）。由於過去歷次運動的錯誤與失敗，我們現在是需要靜靜的反省，此即湯氏所謂「跨出狂熱而重歸於一個新的高度平靜」的階段。在運動高潮一度消歇之後，不能緊接著再來一個新的狂熱，必須要有「退而後進」的長期準備。過去數年來若干從事此一運動的人們都不免犯了「欲速而不達」的毛病，希望運動很快地發生現實效力，因而根本忽視了「退」的重要性。這些人中，很多是舊社會的延續者，事實上不可能承擔起重建新社會的大任。所以我們也不必深怪。但是真正願意獻身於社會重建運動的志士們卻不能不認清自己的歷史地位。我們如能承認運動的本身依然未脫離「退」的階段，那麼對於目前的沉寂局面便不應再感悲觀，更不應拿表面的熱鬧看作運動的進展，而當視今日的沉寂為理之當然、事之必然。老實說，耐不得寂寞的人是不配談創造新社會的。

把現階段的社會重建運動及其歷史上之地位弄清楚了，最後我們就應該檢討一下我們在目前究竟應該做些什麼？又可能做些什麼？祇有先認識自己的一切，然後我們才能展望運動的未來。前面說過，重建中國社會的運動，首先必須建立起新的社會重心，這種重心根據我的分析又似乎以智識分子為比較適宜。至於運動的本身則眼前依然處在「退」的階段。在這種種的客觀條件限制之下，很顯然地，我們祇有在文化工作上努力。我們檢討了整個運動之後，深覺從事文化運動不僅為當前環境中唯一可能努力的方向，同時也是和整個運動所處的地位相配合的；不僅符合運動本身的迫切需要，同時也是從事運動的每一個人所僅有的獻身所在。何以故呢？智識分子要想成為社會重心必須做到下列兩點，一、的確能在文化上有所建樹，足以領導社會前進；二、同時還要能身體力行，實踐自己所倡導的理想，不能和過去一樣祇會坐而論道。文化工作是實實在在的，絕不容許投機取巧。倘若智識分子不能切切實實地做好文化工作，他們就不配、同時也不可能成為社會重心——獲得大多數人的一致景仰與尊敬。這樣一來，不但智識分子本身的前途毀滅了，中國社會重建的運動也要受到嚴重的打擊。

文化運動一方面乃是全面的社會重建運動的前奏，另一方面又是脫離舊社會的「退」（withdrawal）的先聲，這兩者事實上是合一的。湯因比說「退總是一個機會」，一點不錯；我們今天的「退」正是要為捲土重來做良好的準備。我們絕不是沒有目的、沒有意義的「退」。在此「退」的階段中我們祇能在文化運動上多所努力。誰要不承認這一事實，不肯潛心地做些實際工作，一心祇想借著外緣來從事政治上的投機，誰就必然會遭遇到最悲慘的失敗，最後並被淘汰出革命行列之外。

然而另一方面我們也得時時警惕自己，不能「退」得太過，必須記住，退是

「重來的前奏」，「重來才是全部運動的精華所在，也是最終的原因」。我發覺有些朋友們因為運動一時沒有展開的希望便遽爾心灰意懶，決心不參加任何社會運動，祇知追求一己的生存幸福。這樣的「退」也同樣是要不得的，因為它已根本不準備「重來」了。

我相信已經把現階段的中國社會重建運動檢討得相當徹底，我的話雖然不十分具體，但都處處可以和現實相印證。現實是常常是不合理的，問題在於我們能否從不合理的現實中去尋求一條合理的出路。所以此一運動在現階段儘管沉寂，可是並沒有值得悲觀的理由，它仍是希望無窮的。我們要想早日打破這種沉寂，唯一的辦法便是多在文化工作上奮鬥，祇要我們在文化上真能有輝煌燦爛的成就，則政治社會上的開花結果將是不成問題的事。曾參說：「士不可以不弘毅，任重而道遠。」我深盼願意獻身於中國社會重建運動的朋友們深思之！

附錄四

「文明」與「文化」釋名

本書曾屢用文明（civilization）與文化（culture）兩個名詞，也許讀者們會對於這兩個名詞的涵義有所疑問，所以我願意在本書之末略加檢討，作為全書的一個附註。

這兩個名詞都是從拉丁文演變出來的：「文明」原為 civis（公民）或 civitas（城市），文化原為 cultura，有田園耕種之意，而 cultura 則又係從動詞 colere 變出，其含義有耕種、居住、祀禮三方面，此實已包括了整個古代的生活方式。後者又訓為教養。由此可見這二者最初確是有區別的。但這兩個字正式被賦予我在本書所用的涵義，則是很近的事。據摩拉斯（Moras）的研究，civilization 被用來指著一種文化，乃始於法國初期革命家彌拉波（Mirabeau）；一七八九年法國《國家學會字典》中便已有了這個字。而 culture 一詞的文化意義，據克羅伯（Alfred L. Kroeber）的研究，則更為後起。它比較為德國學者所喜用，而法國知識界則至今猶不肯用 culture 為其學術術語。它第一次出現係在海薩德（Paul Hazard）在一七九三年所編的德文字典中；克倫姆（Gustav Klemm）在他一八四三年出版的著作中則將它拼作 culture（按：德文的 culture 原作 kulture）。至於它何時始在德文中具有現用的文化內涵，則已不容易查考了。

以上是「文明」與「文化」兩詞的文字起源的大概情形。現在我們再討論人們在用這兩個名詞以指謂我們今天所瞭解的意義時的一般區別。一般地說，有人從字源上認為文明是指著城市文明，而文化則意味著農業文化；也有人說文明是指著物質部分，文化是指著精神方面，故文明可傳播，而文化不易交流；人以為文化是個人性的——個人之教養，文明則是社會性的——創造的累積。這類區別雖非絕不可用，但終嫌缺乏根據。

近代討論這兩個名詞的差異的文化學者頗多，我們試舉數人以說明之。斯賓格勒在《西方的沒落》中曾對此二字有著非常特殊的用法，他認為「每一文化皆有其自己的文明；文明是文化的不可避免的命運」。斯氏此處之意，是說文明是文化的最後的——沒落的階段，故所謂「每一文化皆有其自己的文明」，也就是說每一個文化最後都是要死亡的。這種區別乃是斯氏一人杜撰的，曾有一部分德國人接受了這種看法，但在英文世界裡，這區別是根本不存在的。至於一般人在文化人類學中對此二字加以區別者最早為韋布爾（Alfred Weber）、默爾頓（R. K. Merton）、馬基佛（R. M. MacIver）等。韋布爾在其《文化社會學原理》（*Prinzipielles zur Kultursoziologie*）中把文明的內涵規定為形而下的，如工藝（technology）與科學；而把文化的意義局限於形而上的，如哲學、宗教、藝術等。他認為文明主要是指著物質方面的發明、發現與改進，這些物質成就不僅可以從一個社會傳布到許多其他社會，同時也是代代相承，有加無減的。其間縱偶有失傳也很微小。文化則不同，它是「非積累性的」（nonaccumulative）；哲學、宗教、藝術都是獨特性的——因文化系統之異而異的，故頗難傳至其他社會，亦不易代代相傳。同時韋氏又把「文化」提高為包括文明、文化的總稱，所以特別造出「文明的文化」（civilizational culture）與「文化的文化」（cultural culture）的名稱以示區別。默爾頓承韋氏之說，而進一步把兩者區別為「文明的文化是客觀的，文化的文化是主觀的」（見其一九三〇年所發表的“Civilization and Culture”一文）。馬基佛在《社會結構及其變遷》（*Society: Its Structure and Changes*）及《社會因果》（*Social Causation*）兩書中大體上也沿用了這種區別，他認為文化（廣義的）是具有「文明」與「文化」兩部分，一屬精神、一偏物質，而各有其社會的目的與手段。

除了上述一類的「文明」與「文化」的區別之外，這兩個字還另有其不同的用法。素羅金一方面極力強調真正文化必須有內在和諧與整體，一方面卻又給它們加以另一區別：文明為文化系統的連續。這顯然是把「文明」看作綜合性的，而「文化」則在「文明」之下。又如梅岳（Elton Mayo）在《工業文明的政治問題》裡，也將此二字做相似的區分，即以「文明」為世界性的、「文化」為民族性的。諾斯洛甫（E. S. C. Northrop）在《東方與西方的會合》（*The Meeting of East and West*）裡則謂「整體文化」（total culture）中包括著各種不同的文化成分；他雖未用「文明」之名，但實際涵義大體上仍與素、梅兩氏一致。

在當代文化學者的著述中，「文明」與「文化」兩詞則都分別地使用過，而且所指的內容都差不多。湯因比的《歷史的研究》、施維澤（Albert Schweitzer）的《文明哲學》（*Philosophy of Civilization*）都專用「文明」；一般的文化人類學家則都一致地採用「文化」。所以一般而論，把「文明」與「文化」特別加以區別的做法已經愈來愈少了。克羅伯曾對韋布爾所提出的「文明的文化」與「文化的文化」的區別，大加反對，他認為這兩字在英文裡很難有什麼差異，韋氏的做法徒足以引起觀念上的混亂而已！至於他自己，他雖承認這二者是同義字，但卻贊成一律採用「文化」，因「文化」早已成為人類學、社會心理學上的習用名詞。一八七一年當泰勒（E. B. Tylor）在《初民文化》（*Primitive Culture*）中第一個採用「文化」一詞時，他便是把「文化」與「文明」當作同義字的；奧格本（W. F. Ogburn）在《社會變遷》（*Social Change*）中亦贊同泰氏的看法，同時他還指出「文明」一詞的本身亦具有各種意義。他說：「文明的概念在意義上與文化的概念有密切的關係。文明一詞有許多不同的用法。它有時指人類事業中較為完美、精選，及屬於精神或道德的一部分，所以常與野蠻一詞相對稱。更有把它指那種以民治為根據來組織社會時的文化狀況，用以別於那種以家屬血統為根據來組織社會時的文化狀況。文明一詞也有時是指那在最近發達期中的『含有整體性的叢體』。若以歷史眼光來看，則文明可說是最近一期的文化，也就是所謂的『近代文化』。」奧氏所謂「文明是最近一期的文化」，其意義與斯賓格勒所謂「文明為文化的死亡階段」說大不相同，因前者旨在指出「文明」可以有各種解釋，而後者則特別賦予「文明」一種貶義。

以上我概略地檢討了近代學者們對於「文明」與「文化」兩個名詞的各種不同的用法，最後我指出這二者在目前已成同義字了。這裡我願意順便說明，我在本書所用「文明」與「文化」兩詞的涵義究竟如何？以及我的用法的根據何在。

我在這裡所用的「文明」祇有一個意義，這意義是與廣義的「文化」沒有分別的；但我所用「文化」一詞則有廣狹兩種涵義；廣義的不必再說，狹義的是「學術思想」等社會的精神面而言的。我們通常有所謂「文化界」、「文化活動」……等名詞，都是狹義的文化。大體說來，前面原理部分所用的「文化」都是廣義的，後面附錄部分廣狹兩義雜用，如「五四文化精神」、「文化工作」、「文化運動」便是狹義的，「文化接觸」、「中西文化」、「文化融和」則是廣義的。這種廣狹二義並不僅中文為然，在英文裡也是一樣。讀者稍加留心當不難分辨。但是值得解釋是，我既然視「文明」與「文化」為同義語，又何以不一律採用「文明」或「文化」呢？坦白地說，我的本意是寧取「文明」而捨「文化」的，所以本書定名為《文明論衡》。可是事實上我卻碰到了一種困難，那便是廣義的「文化」在近代中國被使用得太多了，而我的討論卻又直接與近代中國學者的文字聯繫了起來，如果我把他們的「文化」完全改作「文明」恐怕更要使讀者困惑不解，我憑什麼可以更改別人的文字呢？尤其是那些含有特殊意義的名詞，如中國文化、西方文化、本位文化……等，若全改作文明，竟有些讀不順口。在這些地方我便祇有牽就習慣，因為我是不贊成完全推翻「傳統」的啊！

我為什麼又對「文明」這個名詞有著偏愛呢？這也是必須說明的。讀者們看了本書之後一定會承認我是把文明與野蠻加以對立的——換言之，即從人獸之辨的特殊角度上來觀察文明與野蠻之分際的！我這一文明觀便使得我無法不採用「文明」了。剛剛所引奧格本的一番話曾提到文明有與野蠻相對待之義——這正是我討論文明問題的始點；而前面所引的韋伯爾、默爾頓、馬基佛諸氏的形上文化與形下文化之區別又恰恰和我的文明產生的兩重根本精神說，有相通之處。克羅伯也把這種文明的精神面與物質面分別稱之為「價值文化」（value culture）與「實質文化」

（reality culture）。根據這幾點特殊瞭解，則中文裡的「文化」兩字不足以盡西文civilization 之義，唯「文明」兩字庶幾近之；同時這恰好又符合傳統的譯名。我是一個學歷史的人，在西方史學家筆下，「文明」通常較「文化」的意義為廣大，如湯因比、顧治（G. P. Gooch）、舍維爾（F. Schevill）、亞當士（G. B. Adams）等人都在他們的歷史著述中，採用 civilization 以專指人類的歷史共業。尤其重要的，是中文裡「文明」兩字的涵義亦遠較「文化」為豐富，更能畫龍點睛地顯出它與野蠻的分野！整個關鍵不在別處，就在一個「明」字上。「文化」兩字如《說苑．指武》篇所謂「文化不改，然後加誅」含有挾文以凌人之意，王融所謂「敷文化以柔遠」亦是侵略弱小民族的口吻；尤以中國歷史上有「教化」的傳統，益使「文化」兩字帶著濃厚的居高臨下的氣味！「文明」則不同，一方面「明」字可作動詞、名詞、形容詞種種廣泛用法，且都是表示光明、明朗、高明一番意思，頗能襯托出一種文明的境界，而「化」字單獨地祇能作動詞用，必須依附一主詞始發生意義，故是可好可壞的（依其主詞而定，如惡化、物化皆是壞的）。同時「明」字又與後儒所謂「虛靈明覺」之「明」字相通，《大學》一開始也就是在「大學之道，在明明德」，故含有「自覺」之義，特別點破了人與禽獸之間的差異所在；而據我的看法，「自覺」又是統攝著文明兩重精神的整體。這許多曲折理由，都使我不能不採取「文明」，以代替「文化」，雖然我並無絲毫貶抑「文化」的意思！這一選擇也許純粹是出於我個人的偏好，毫無其他意義；不過我相信我這一番解釋，即使不能證明我的選擇是正確的，甚至也仍不能使讀者瞭解「文明」與「文化」究竟有何異同，但對我這本書來說，至少還可以有點題的作用。這說明了我為什麼在全書已將印就之際，還要在百忙中加上這一篇文字！

英時附記一九五五年五月二十七日在香港

余英時文集18

文明論衡

2022年8月初版　　定價：新臺幣300元

著　　者　余　英　時
總 策 劃　林　載　爵
總 編 輯　涂　豐　恩
副總編輯　陳　逸　華
特約主編　官　子　程
叢書主編　沙　淑　芬
校　　對　蔡　竣　宇
內文排版　菩　薩　蠻
封面設計　莊　謹　銘

出 版 者　聯經出版事業股份有限公司
地　　址　新北市汐止區大同路一段369號1樓
叢書主編電話　(02)86925588轉5310
台北聯經書房　台北市新生南路三段94號
電　　話　(02)23620308
台中辦事處　(04)22312023
台中電子信箱　e-mail：linking2@ms42.hinet.net
郵政劃撥帳戶第0100559-3號
郵撥電話　(02)23620308
印 刷 者　世和印製企業有限公司
總 經 銷　聯合發行股份有限公司
發 行 所　新北市新店區寶橋路235巷6弄6號2樓
電　　話　(02)29178022

總 經 理　陳　芝　宇
社　　長　羅　國　俊
發 行 人　林　載　爵

行政院新聞局出版事業登記證局版臺業字第0130號

本書如有缺頁，破損，倒裝請寄回台北聯經書房更換。　ISBN 978-957-08-6400-7 (平裝)
聯經網址：www.linkingbooks.com.tw
電子信箱：linking@udngroup.com

國家圖書館出版品預行編目資料

文明論衡/余英時著．初版．新北市．聯經．2022年
8月．208面．14.8×21公分（余英時文集18）
ISBN 978-957-08-6400-7（平裝）

1.CST：文明 2.CST：文化研究 2.CST：文集

541.207 111009406